A. RIEDLER

HOCHSCHUL-DÄMMERUNG

MÜNCHEN UND BERLIN 1921
DRUCK UND VERLAG VON R. OLDENBOURG

Inhalt.

Seite

Einleitung 5

I. Angebahnte und fortgesetzte Reform 6

Anerkannte Grundforderungen 6
Frühfächer — Entlasten — Vertiefen — Wählen — Freiheit — Fachgrenzen — Wirtschaft — Führer — Professoren — Gesichtskreis, Kultur und Wirtschaft.

Amtliche Reformforderungen 9
Neue Universität — Handelshochschule — Landwirtschaft — Geodäsie — Doktoren — Kunst — Selbstverwaltung — Praktisches Leben — Arbeitsjahr.

II. Groß-, Klein- und Scheintaten 12
1. Landesuniversität — 2. Allgemeine Fakultät — 3. Lehrerausbildung — 4. Berg- und Hüttenwesen — 5. Landwirtschaft — 6. Hochschulvereinigen — 7. Technik und Wirtschaft — 8. Wirtschaftswissenschaft — 9. Volkswirtschaftsfakultät — 10. Außenfakultät.

III. Schicksalszeit der Technischen Hochschulen 27
Schenk: *Die Technischen Hochschulen am Scheidewege.* Bedürfnis — Leben — Geld — Pädagogik — Erleben — Fehlervertiefen — Erwerbsgewinn.

IV. Hochschulreform und „die Industrie" 31

V. Sachkunde und Amtsberater 37

VI. Verfassung der allgemeinen Universität 45
Allgemeines — Besucher — Lehrer — Verwaltung — Gliederung.

Einleitung.

„Die *Hochschule für Technik und Wirtschaft*" und der Wortlaut ihrer neuen *Verfassung* ist das Ergebnis der von Professor Aumund-Danzig geplanten Reform. Das Unterrichtsamt hat sich die Stellungnahme zu dem bereits veröffentlichten Entwurf vorbehalten.

Geplant wird: Vereinigen aller Hochschulen mit der Universität, vorläufiges Zusammenschieben der vorhandenen Abteilungen der Technischen Hochschulen zu neubenannten Fakultäten und Einschieben zweier Fachhochschulen (für Handel und Landwirtschaft) und die Errichtung neuer Fakultäten für Wirtschaft und Außendienst.

Der Verfasser des Plans ist amtlicher Berater der Regierung. Deshalb finden seine Ansichten eine Beachtung, die vielen anderen Reformvorschlägen nicht zuteil geworden ist. Keine Hochschule hätte sich sonst wohl geregt, den Plan zu prüfen und zu erörtern, während sich jetzt alle damit dienstlich und eiligst befassen.

Rechtzeitige öffentliche Erörterung ist leider unmöglich gemacht. Die „Zeitschrift des Vereins deutscher Ingenieure", die diesen Plan veröffentlicht, kann keiner Besprechung Papier und Raum gewähren, und den Hochschulen ist Verständigung untereinander unmöglich gemacht, weil kurzfristigste Erledigung, kurz vor Schulschluß, vorgeschrieben ist und die Neuhochschule schon im Oktober taten soll.

Meine Ansichten zu dem amtlich angeregten Reformplan sind hier nur niedergeschrieben, um mich zu zwingen, ihn gründlich zu prüfen und mir selbst den Vorwurf zu sparen, ich hätte während einer Wendezeit der Hochschulen geschwiegen, statt für oder wider die geplante Reform zu sprechen, je nachdem durch sie das Ingenieurschaffen gefördert oder gehemmt wird, das immer lebenswichtiger wird für Land und Volk und in der Welt.

Der einzige persönliche Anlaß, mich zu dieser Reform zu äußern, wäre höchstens der, festzustellen, daß sie von meinen Anregungen nichts enthält und daß daraus Gedanken von mir nur herauslesen kann, wer zwischen dem Wort und dem sachlichen Inhalt nicht unterscheidet.

Reformen sind nie nach ihren Begleitworten zu werten, sondern nur nach den Taten, die sie verwirklichen wollen. Diese Taten, ihre Voraussetzungen und Folgen sind hier zu würdigen.

I. »Angebahnte« und »fortgesetzte« Reform.

Der amtlich angeregte Reformplan nennt in der Einleitung 10 „*allseitig anerkannte*“ Grundforderungen; er bespricht dann im Abschnitt „*Fortsetzung der Reformarbeit*“ unter a—h diese Forderungen nochmals und fügt einige neue hinzu; sie sind im nachfolgenden zusammengefaßt, um doppelte Besprechung zu vermeiden.

Diese „*allseitig anerkannten*“ 10 Forderungen sind nur aus Reformschriften maschinentechnischer Hochschullehrer so ausgewählt, daß keine einzige zu einer inneren Umwandlung der Lehre verpflichtet und jede durch bloßes Verschieben des schon Vorhandenen und durch Namensändern erfüllbar scheint.

Im folgenden sind den Forderungen die Tatsachen gegenübergestellt, die ihre Erfüllung fördern, hemmen oder verhindern. Die maßgebenden Stellen des amtlichen Reformplans sind *kursiv* gedruckt.

1. Möglichst frühzeitiges Einführen in die Fachgebiete!

Frühe Fachlehre verlangt kein Erfahrener, sie brächte nur Frühanlegen der Fachscheuklappen, frühes Abtrennen einer Fachtechnik, also einer Teiltechnik.

Früh und stark muß hingegen wirklichkeitsrichtige Lehre beginnen, damit die jungen Köpfe nach ihrer langen wirklichkeitswidrigen Vorbildung endlich anfangen, sachrichtig zu sehen und zu denken und damit sie beizeiten lernen, die schulbequemen Annahmen von der schwierigen Wirklichkeit zu unterscheiden.

„*Gruppenvorlesungen*“ können nicht wirken, wenn nicht vorher die getrennt in ungeheuren Zweigen erwachsene Fachlehre erst innerlich zusammengefaßt wird. Diese Geistesarbeit fehlt. Neue Namen können keinen Ersatz bieten, sie setzen nur den guten Willen an die Stelle der schwierigen Tat.

„*Geschichtliche und wirtschaftliche Würdigung*“ den Anfängern als Übersicht beizubringen, kann nie gelingen, wenn nicht die innerlich zusammengefaßte Lehre lebendig wirkt, mit dem Vorbild des erfahrenen, im Schaffen und Werten geübten Lehrers.

„*Entwicklungsgeschichte und Wirtschaft*“ kann nur der Sachkundige würdigen, der zugleich Gestalten und Schaffen beherrscht; losgelöst von der Fachlehre wird sie unwirksam.

„*Besichtigungen*“ von Werken werden ganz versagen, die Anfänger können doch nur sehen, was sie schon kennen. Gesehenes kann nur weiterhelfen, wenn es geistig erfaßt ist. Bloßes Besichtigen ist nie Erleben, in unseren arbeitsgeteilten Großbetrieben schon gar nicht.

2. *Entlasten in Pflichtfächern! Mehr Allgemeinbildung!*

Das Entlasten in der *Unterstufe* kann nie gelingen, solange die Vorbildung das Richtige nicht leistet und an diese nicht gerührt werden darf.

Gleiche mathematische Vorkenntnisse erstrebt die Vorbildung nicht, und die *4wöchigen Ferienvorkurse* wären zwar eine amtliche, aber aussichtslose Schnellpresse, ohne die immerhin erfahrenen berufsmäßigen Presser.

Vereinheitlichen wird gleichfalls nicht erreicht, die verschiedenen Richtungen erfordern doch verschiedene Schulung für Architekten, Ingenieure, Chemiker!

Erleichterung wird ausbleiben, weil die Regierung selbst in der *bereits angebahnten Reform* ein Übermaß von Pflicht- und Prüffächern der *Vorstufe* schon genehmigt hat.

Erleichtern und *Vereinheitlichen* mit großem *Vereinfachen*, dort wo es leicht möglich wäre, verschmäht der Reformplan: das Vereinigen der Mathematik mit sachrichtiger Mechaniklehre.

Das *Entlasten* soll der *Allgemeinbildung* zugute kommen, aber der amtlich angeregte Plan nennt keine einzige allgemein bildende Lehre; sie fände im überfüllten Lehrplan zudem keinen Platz.

3. *Vertiefung der Grundfächer in der Oberstufe!*

Die *Unterstufe* ist überfüllt mit Prüffächern, die *Oberstufe* mit Sonderfächern. Die *Vertiefung* oben ist schon deshalb unmöglich, weil kein Theoretiker eine „höhere" Lehre bietet, außer einiger erfahrungsbaren Mechanik, die als „höhere" oder „technische" ausgegeben wird.

Wirkliche Reform erforderte zuvor: unten die Zwangsanstalt der Pflichtfächer, oben den überfüllten Fachstall erst gründlich zu säubern. Was nur möglich ist: unten durch wirklichkeitsrichtige Vorbildung, oben durch das Zusammenfassen der Fachwissenschaften. Bloßes Ändern der Namen und bloßes Wünschen bringt keine Besserung, nur Täuschung.

4. *Vertiefung in einzelnen Wahlfächern!*

Vertiefen in vielen Sonderfächern hat noch kein Erfahrener erstrebt. Früher war Vertiefen in einzelnen Fächern möglich, jetzt nicht mehr wegen der Prüfvorschriften.

Dem Vertiefen weist der Reformplan einen Irrweg, weil die Studierenden *wählen* sollen zwischen: 1. *theoretischer*, 2. *konstruktiver*, 3. *betriebstechnischer* und 4. *wirtschaftlicher* „*Richtung*", die doch im Planen und Schaffen untrennbar zusammenhängen und gemeinsam das Wesen der Technik bilden. Sie getrennt pflegen zu wollen führt zu innerem Widerspruch.

5. *Freiheit des Studiums auf der Oberstufe!*

Diese Freiheit ist eingebildet, weil die Wahl der kurzen Fachlehre jedem freien Studenten erst genehmigt werden soll. Aus dem frei wählenden Jünger muß erst ein Zwangsprüfling werden, nur ein solcher kann sein Abgangspapier erlangen.

Das ist die Wahlfreiheit der „*Wahlzwangsfächer*", von einigen Hochschulen tatsächlich so genannt, oder „*Pflichtzahl der Wahlfächer*" oder „*Pflichtfächer plus Zwangszahl der Wahlfächer.*" Dazu kommt, daß jede Wahlfachlehre an Prüfungen und Gebühren beteiligt sein will.

Die „*Wahlfreiheit*" ist Nothelfer aller „Reformen", sie bekundet übrigens nur die Unfähigkeit der Lehrer, den unerfahrenen Jüngern eine zielsichere Lernfolge anzuraten, unabhängig von einer vermeintlichen Sonderrichtung. Diese wunderwirkende Zuflucht ermöglicht den Lehrern, die Verantwortung für einen richtigen Studiengang im überfüllten Fachwirrwarr den harmlosen Studenten zuzuschieben.

6. Vereinheitlichung des Grundstudiums! Milderung der Fachgrenzen!

Hierzu bietet der Reformplan das gleiche wie zu 2, wieder ohne Taten und selbst ohne die Mathematik und Mechanik zu vereinheitlichen.

Die Fachgrenzen hingegen werden nur durch neue Namen verwischt. Die Fachgrenzen ergaben sich notwendig, weil die Fachzweige sich nur einzeln vertiefen konnten. Jetzt müssen diese Zweige wieder dem Grundstamm zugeführt werden, was die erwähnte schwere Geistestat des Zusammenfassens kostet. Diese Tat fehlt, und *Gruppenlehre* und *Wahlfreiheit* der Unerfahrenen können keinen Ersatz schaffen. Der Reformplan behauptet nur, sie entsprächen „*gleichzeitig den Forderungen 5 und 6*"!

Der Reformplan will seine getrennten *Betriebs- und Wirtschaftswissenschaften* fördern und meint, dies könne durch weiteres Vermindern des Gestaltungsunterrichts geschehen.

Der ist aber längst schon unter das Notwendige beschränkt. Das Gestalten ist nicht mehr entscheidender Teil der Ingenieurerziehung; wird er weiter verringert, dann werden eben nur noch schaffensschwache Vielwisser gebildet, richtiger: verbildet, die Technischen Hochschulen werden dann entbehrlich.

7. Stärkere Pflege der Betriebs- und Wirtschaftswissenschaften!

Der Reformplan macht die sachwidrige Annahme, Betrieb und Wirtschaft beständen für sich und seien getrennt von Technik oder neben ihr lehrbar, und hierdurch „*soll jedem Studierenden, auch wenn er sich nicht besonders den Wirtschaftswissenschaften zuwendet, mehr als bisher eine grundlegende Erkenntnis der Privatwirtschaft vermittelt werden*".

Und als Mittel zu diesem Ziel nennt der amtliche Reformplan nur: „*weniger Konstruktionsarbeiten*" und „*Gruppenvorlesungen*".

Jeder erfahrene Lehrer aber weiß, daß Anfänger selbst einfachste Betriebs- und Wirtschaftsfragen nur verstehen an Hand eigener Gestaltungen, an denen sie schon inneren Anteil genommen haben. Nur an solchen Beispielen können sie allmählich betriebsrichtig und wirtschaftlich denken und schaffen lernen, nie durch Vorsagen „*wirtschaftlicher Gesichtspunkte*".

Eigenes Gestalten und Schaffen soll jedoch nach dem Reformplan nicht mehr die Grundlage bilden, *Betriebs- und Wirtschaftslehre* soll getrennt gelehrt werden, die wundertätigen *Gruppenvorlesungen* sollen helfen und zeitarme *Außenstehende!* Dieser Ausblick ist zugleich ein wahres Armutszeugnis für die innere Hochschullehre.

8. Enger Anschluß an das praktische Leben! Männer mit Führereigenschaften vorbilden!

Das war von jeher das Ziel aller Hochschulen und wurde stets nur in Ausnahmefällen erreicht. Und damit wird es nur schlechter werden, wenn die Schulung im Gestalten verkümmert wird, wenn die *Unterstufe* alten Schlags erhalten bleibt, in der *Oberstufe* aber eine getrennte *Betriebs- und Wirtschaftslehre* aufgerichtet wird, und wenn nur neue Namen für alte, innerlich getrennte Gebiete eingeführt werden.

9. Vervollkommnung der Professoren! Die selbst Praktiker und Führer sind!

Hohe Ziele! Schöne Worte! Sie stehen leider in Widerspruch schon mit der Besoldungsordnung, die etwa die Hälfte dessen bietet, was ein einfaches Bürgerleben kostet. Führer gab es zeitweilig an allen Hochschulen, aber keiner konnte je neben dem alten Prüf- und Überfütterungsgeist durchdringen.

10. Den Gesichtskreis erweitern! Die Gesamtkultur und Wirtschaft erfassen! Universitäten und Hochschulen vereinen!

Trotz solcher Zielsteckung wird im Reformplan mit keinem Worte auch nur in Aussicht gestellt, daß endlich an den Hochschulen allgemeinbildende Fächer und Kulturlehre eingeführt werden sollen, und die Universitäten läßt der Reformplan grundsätzlich unberührt (S. 12).

Der Reformplan behandelt diese 10 Forderungen an zwei und mehr Stellen und fügt in seine Forderungsreihe a—h noch weitere ein, wie g) *Promotionsvermehrung* und h) *Lehrerausbildung*, die ganz aus seiner Reihe fallen und deshalb an anderer Stelle besprochen werden sollen; mit dem Wesen der Hochschulreform hängen sie ohnedies nicht zusammen.

Der amtliche Reformplan stellt dann im Abschnitt „*Fortsetzung der Reformarbeit*" 12 Reformziele i—u auf, die seine Reformtaten kennzeichnen und hier wieder zu werten sind durch einfaches Gegenüberstellen der Absichten und der hemmenden oder widersprechenden Tatsachen. Die gewollten Taten hingegen sind in dem späteren Abschnitt „Groß-, Klein- und Scheintaten" näher gewürdigt.

Allgemein ist über diese Reformfortsetzung gesagt:

Die Reformen *im Sinne der von allen Seiten anerkannten 10 Forderungen sind erst zum kleinen Teile verwirklicht.* In Wirklichkeit ist aber noch gar nichts verwirklicht, es haben nur einige Hochschulen einige Einzelheiten ihrer Lehr- und Prüfordnungen etwas verschoben, ohne im geringsten den bisherigen Geist und Inhalt der Lehre umzugestalten.

Für die Fortsetzung der Reform ist *die freudige Mitarbeit aller Beteiligten notwendig, damit die beschleunigte und vollkommene Durchführung in kurzer Zeit möglich wird.*

Bisher ist *das Ganze nicht in genügendem Maße erfaßt; die Hochschulen müssen zu einer umfassenden Bildungsstätte der gesamten technischen Wissenschaften und des wirtschaftlichen Lebens werden durch die neue Universität, die im Interesse der alten Universitäten am besten mit diesen vereinigt würde.*

Denn nur auf diesem Wege kann die Forderung erfüllt werden: Erweiterung des Gesichtskreises, die eine Erziehung zum Verständnis für unser gesamtes Kultur- und Wirtschaftsleben fordert.

Das Reformziel also ist, diese *neue Universität* zu schaffen, welche *Technik* und *Wirtschaft* umfaßt, und dann die *allgemeine Landesuniversität*, die die alten Universitäten mit umfaßt.

Von diesen 12 Forderungen des Reformplans sind die wesentlichsten:

i) *Den Gesichtskreis erweitern! Die allgemeine Landesuniversität schaffen!*
n) *Die Hochschulen vereinigen!*
o) *Die Fakultäten zusammenlegen!*
k) und l) *Die Hochschulen für Handel und Landwirtschaft anschließen!*

Sie sind hier im Abschnitt »Groß-, Klein- und Scheintaten« näher gekennzeichnet.

Weitschauende Betrachtungen über diese Fragen sind im Reformplan trotz der hohen Ziele nicht angegeben, sondern nur Äußerlichkeiten, wie diese:

m) *Geodäsiestudium.*

Zu dem wichtigen Anschluß der Landwirtschaftlichen Hochschule ist kein Wort gesagt, nur anläßlich der Feldmeßlehre wird gemeint, es ließe sich viel Geld und Arbeit sparen. Sogar 2—3 Professoren könnten gespart werden! Und es wird dieser Hochschule an Stelle des von ihr erstrebten *Dr. der Geodäsie* der *Dr.-Ing. der Vermessungskunde* in Aussicht gestellt. Dann werden aber auch für andere, nicht minder wichtige Gebiete neue Doktoren zu schaffen sein, z. B. für Stoffkunde, Probierkunde, Patentkunde, Verkehrskunde, Energiekunde, Kohlenkunde, Gewerbekunde, Fabrikskunde, Steuerkunde usw., denen größere öffentliche Wichtigkeit beizumessen ist als der Feldmeßkunde.

p) *Kunsthochschulen.*

Der Reformplan weicht wieder der grundlegenden Frage der Kunstpflege aus und fragt nur, wie eine *gewisse* Verbindung mit der Technischen Hochschule möglich wäre.

Die Architekten, heißt es, haben gewisse Vorteile davon, *wenn sie die Atmosphäre der reinen Kunsthochschule verspüren* und wenn deren Studierende *mit den großen Aufgaben der Architektur in möglichst enge Fühlung gelangen, wenn sie mit Industriezweigen, wie Textilindustrie, Keramik u. a.,, bekannt zu werden Gelegenheit haben* (die an den meisten Hochschulen gar nicht vertreten sind!);

wenn der Techniker seine Bauten von dem Gefühl der Schönheit mitbestimmen läßt, ohne daß er die Forderungen der zweckmäßigsten Materialausnutzung vernachlässigt. Es werden sogar Wunderwirkungen verheißen:

Es würde dadurch vielen ein idealer Einschlag der Lebensauffassung gegeben werden, der sie von der sonst drohenden rein materialistischen Lebensauffassung in heilsamer Weise ablenkt.

Hierzu ist zu beachten, daß der Reformplan in seinem Kern die Studierenden ganz der Eigennutzwirtschaft überliefern will (s. S. 27) und die einzige Kunstrichtung der Hochschulen mit den *Bauten* verkuppelt.

q) *Erweiterung der Selbstverwaltung.*

Hier zeigt sich das „*Freie*" der gewollten Reform. Diese *Erweiterung* ist beschränkt auf die *Mitwirkung der Nichtordinarien und Studenten* und auf *weitgehende Selbstverwaltung, welche den Hochschulen bei der Aufnahme von Ausländern und der Regelung der Assistentenangelegenheiten gewährt ist.*

r) *Die Verbindung der Professoren mit dem praktischen Leben und Erfahrungsaustausch.*

Dadurch will der Reformplan seine wesentlichste Schöpfung, seine *Außenabteilung* begründen, die als Haupttat S. 21 näher gewürdigt ist.

s) und t) *Studentenausbildung im praktischen Leben.*

Hier bespricht der Reformplan die praktische Arbeitszeit, ohne auf die Schwierigkeiten und Gründe einzugehen, weshalb diese Arbeitszeit jetzt unwirksam bleibt und meist eine verlorene Zeit bedeutet.

Wieder geht der Reformplan auf das Wesentliche nicht ein: daß jetzt nur einer Gruppe von Studierenden diese Arbeitszeit aufgebürdet wird, statt daß allen eine richtige allgemeine Arbeitspflicht auferlegt wird, die allen eigenes Erleben ermöglicht, in wirklicher Gemeinarbeit mit wirklichen Arbeitern in werteschaffender Arbeit, bevor sie an die Hochschule kommen, so daß Auslese geschaffen wird unter den vielen nach den Hochschulen Drängenden, unter denen viele ernste Berührung mit dem schaffenden Leben gar nicht vertragen und für die wissenschaftliche Technik noch weniger taugen.

II. Groß-, Klein- und Scheintaten.

Die Taten, die der amtliche Reformplan verwirklichen will, sind im wesentlichen folgende:

1. Die Vereinigung aller Hochschulen zu einer allgemeinen Landesuniversität!

Das wäre eine Großtat. Hier zeigt sich indes das Zaghafte der ganzen Reform und leider auch das Unmögliche.

Der amtliche Reformplan sagt schon in der Einleitung deutlich die herrschende Amtsmeinung: *Die Universitäten müssen für sich nach besonderen Grundsätzen eingehender behandelt werden!*

Das sagt doch deutlich: An die Universitäten dürfen wir nicht rühren, sie würden doch jeden von außen kommenden Versuch einer „Reform" einmütig abweisen.

Nach diesem Amtsbekenntnis kann die ganze geplante Reform nur noch dahin gedeutet werden: Man schiebe aus den vorhandenen Hochschulen eine neue *Universitas* zusammen, so umfangreich, daß sie auf die alte Universität vielleicht Eindruck machen und diese sich *in ihrem Interesse mit der neuen vereinigen wird!* Das ist aber an sich ein Trugschluß und auch deshalb aussichtslos, weil dem Neuen jede Lebenskraft fehlt, wie noch näher erwiesen wird.

Der verlautbarten Amtsmeinung gegenüber haben die weiteren Äußerungen des Reformplanes hierzu nur den Wert von unverbindlichen Vertröstungen auf die Zukunft.

„*Die neue Universität muß letztes Ziel der Hochschulentwicklung sein und bleiben!*"

„*Wenn dieses Ziel nicht von heute auf morgen zu verwirklichen sein sollte, so darf es doch nicht aus dem Auge verloren werden, es muß dauernd darauf hingearbeitet werden, ihm näher zu kommen.*"

Wenn eine sofortige Verbindung mit der alten Universität nicht oder nicht in vollem Umfange in Angriff genommen werden kann, so sollte man doch sparen, an Geld und Arbeitskräften.

Dabei wird Unmögliches versprochen: *Keinerlei Mehraufwendungen, eher eine Ermäßigung der jetzt aufgewendeten Mittel!*

Das sind unbestimmte und wirklichkeitswidrige Worte des Reformführers, dessen Taten gerade darauf *hinarbeiten*, daß die Vereinigung der Hochschulen zu einer *allgemeinen Universität* auch künftig unmöglich wird, und zwar:

1. Gewerbeschüler, Fachschüler können laut § 11 der Verfassung zur neuen Hochschule als Studierende aufgenommen werden! Der alte Irr-

tum, Fachwissen oder Fachschulung könne Ersatz sein für eine bestimmte wissenschaftliche Vorbildung, die jetzt die Technischen Hochschulen wie die Universitäten verlangen.

2. Handels- und Landwirtschaftschüler werden Studierende ohne die Vorbildung, die die Universitäten fordern.

3. Allen diesen Studierenden wird der Doktorgrad geboten.

4. Jedoch kein einziges allgemein bildendes Gebiet wird der neuen Hochschule auch nur in Aussicht gestellt.

Diese und noch andere Maßnahmen werden die Kluft, die zwischen Hochschulen und Universitäten besteht und erhalten wird, nur noch vergrößern zum schwersten Schaden des Landes. Die Technik wird amtlich von der *Wirtschaft* getrennt, dadurch beide zertrümmert, beide mit dem Gelderwerb verbunden (s. S. 27), nach Äußerlichkeiten beurteilt und noch mehr als bisher von den Universitäten geschieden, die nicht zögern werden, ihre Vorrechte auf Grund der amtlichen Selbsterniedrigung der Technik weiter auszunutzen, ihre „*humanitäre*" und „*Kultur*"-Aufgabe auf Kosten der Technik auszuwerten und „Kulturideale" geltend zu machen, die den Hochschulen fehlen.

2. *Die neue allgemeine Fakultät!*

Diese neue Fakultät des Reformplans ist die alte Abteilung für sog. *allgemeine Wissenschaften* mit dem neuen Zusatzschild: *insbesondere für Naturwissenschaften*, weil die mächtige Chemie in diese Fakultät verschoben wird.

Allgemeine Wissenschaften sollen doch der Allgemeinbildung dienen, die alte allgemeine Abteilung wie auch die neue *allgemeine Fakultät* lehren jedoch keine allgemein bildenden Gebiete, sondern nur Fächer der Vorbildung, die schon an der höheren Schule gelehrt werden sollten oder an eine Vorschule der Hochschule gehören. Und auch für die Zukunft ist kein allgemein bildendes Fach versprochen.

In das vorhandene Gemisch der Vorschulfächer wird die Chemie hineingeschoben, also von der Technik getrennt, die an Technischen Hochschulen zu ihrem Wesen gehört. Die Chemie wird auch getrennt von Energiebetrieben, die zum Wesentlichsten der chemischen Technik gehören.

Der lebenswichtige Zusammenhang der Chemie mit dem Hüttenwesen wird zerrissen und dieses wieder in den vorväterlichen Zusammenhang mit dem Bergwesen gebracht! Glückauf!

Am bequemsten läßt sich eben die Chemie ohne Technik und ohne Hüttenwesen verschieben, am leichtesten nach der *allgemeinen* Abteilung, wo ohnedies nichts innerlich und lebendig zusammenhängt und man sich unter „allgemein" allerlei denken kann.

3. *Lehrerausbildung.*

Die Reform verheißt: die allgemeine Abteilung der Technischen Hochschulen darf künftig Lehrer für Mathematik und Naturwissenschaften ausbilden, *was von besonders weitreichender Bedeutung für unsere kulturelle Entwicklung ist.* Umwälzende Erfolge werden verkündet:

Wenn die Lehrer *mit den Grundfragen unseres technischen und wirtschaftlichen Lebens vertraut werden,* das wird *mit Sicherheit dazu führen, in weiten Kreisen des Volks auch das Interesse und Verständnis für die im technischen und wirtschaftlichen Schaffen enthaltenen Kulturwerte zu heben,* was *in unserer Zeit nicht hoch genug eingeschätzt werden kann.*

Wieder strafen die Tatsachen die Erwartungen Lügen:

1. Die wenigen Lehramtsbeflissenen, die an den Technischen Hochschulen statt an den Universitäten ihre Sonderfachbildung suchen, werden das Kulturwirken kaum beeinflussen.

2. Die Meinungen der theoretischen Fachlehrer sind geteilt; viele sagen, diese Nebenaufgabe, Lehrer zu bilden, beeinträchtige die Hauptaufgabe, Ingenieure richtig vorzubilden.

3. Viele Mathematiker und Naturwissenschaftler mit reiner Universitätsbildung lehren an Technischen Hochschulen schon ein Leben lang, ohne daß sie gelernt haben, technisches Denken und Schaffen zu verstehen, ja nur zu achten; sie haben keine Ahnung vom technischen und wirtschaftlichen Leben und seinen Kulturwerten, sie fühlen sich vom Pferd auf den Esel geraten, sie schielen nach der Universität, wo man sich nicht mit unreinen und dazu noch schwierigen Anwendungsbeispielen abzugeben hat.

4. In anderen Ländern ist diese Lehrerbildung an Technischen Hochschulen schon seit vielen Jahrzehnten eingeführt, ohne daß die verkündeten Wunderwirkungen aus der bloßen Nachbarschaft der Technik eingetreten wären.

5. Einige meinen, die an Technischen Hochschulen gebildeten Lehrer könnten dann ins Schulleben, das doch alter Art bleibt, gar nur als Lehrer zweiter Güte einziehen.

4. Berg- und Hüttenwesen.

Der Reformplan verschiebt das Hüttenwesen zum Bergwesen trotz des Zusammenhangs beider mit der Energietechnik und Maschinentechnik und trotz des erwähnten Lebenszusammenhangs mit der Chemie. Dieses Vorgehen steht sogar im Gegensatz zum Sinne des Reformplanes.

Das Bergwesen als Vorkommenlehre ist Naturwissenschaft, gehörte also in die erneuerte allgemeine Abteilung, *besonders für Naturwissenschaften*. Als Gewinnungslehre ist es Betriebslehre, untrennbar von Maschinentechnik und Energiewirtschaft, gehörte also zum Teil in die neue *Fakultät der mechanischen Betriebe*, zum Teil in die neue *wirtschaftswissenschaftliche Fakultät*.

Das Hüttenwesen als Anwendung der Chemie, gehörte daher mit dieser zur allgemeinen Fakultät. Als Betrieb ist das Hüttenwesen überwiegend Wärmewirtschaft, wofür das Schiebefach fehlt, und zugleich ist es in höchstem Maße Maschinenwirtschaft, gehörte also in die neue mechanische Betriebsfakultät!

Hier wäre Gelegenheit, lebensentscheidende Zweige der Technik zu *vereinheitlichen, zu vertiefen, zusammenzufassen*. Der Reformplan umgeht jedoch das Schwierige; er schiebt das Hüttenwesen zurück in Urzeiten, wo neben den Gruben Hütten lagen und Berg- oder Hüttenleute beide leiten konnten, während jetzt beide Gebiete nur noch durch Besitzgemeinschaften zusammenhängen, wie Fabriken aller Art oder Banken.

5. Anschluß der Landwirtschaftlichen Hochschule!

Dieser Anschluß ist offensichtlich nur papieren; die Aufschrift „Hochschule“ ist in „*Fakultät*“ verändert, und es ist nicht einmal gesagt, übrigens auch gar nicht anzunehmen, daß die Landwirtschaftsverwaltung ihre Fachschule abgeben werde. Kein Neugliedern, kein sachliches Zusammenfassen ist angedeutet.

Als Vorteile der Vereinigung sind nur Äußerlichkeiten genannt: *Ausgedehnte Maschinenarbeit* ist erwähnt, *verstärkte Beachtung der durch die Technik gebotenen Hilfsmittel;* Chemie und Düngung, Wasserbau und Kulturtechnik gehörten zusammen, *wieder sind die rein wirtschaftlichen Fragen auf den gleichen Grundsätzen aufgebaut.*

Alles drängt zum Zusammenschluß, wird gesagt, um dann in der „Reform" den Namen der Hochschule in den einer Fakultät zu ändern! Sonst ist kein Wort gesagt, wie wirklicher innerlicher Anschluß wohl geraten könnte.

6. *Hochschulvereinigen!*

Das Vereinigen ist indes nur ein Verschieben: 4 der alten Fachabteilungen sind zu 2 neuen Fakultäten zusammengeschoben, 2 Hochschulen sind auf dem Papier beseitigt und treten nun als 2 neue Fakultäten auf; die landwirtschaftliche bleibt dabei ganz unverändert, die Handelshochschule ist nur äußerlich mit Technik und Wirtschaft verkuppelt. Dabei werden sogar notwendige Zusammenhänge zerrissen: zwischen Chemie und Technik, Hüttenwesen und Chemie, hingegen neue Namen eingeführt, ohne die inneren Zusammenhänge zu wahren.

Dieses Verschieben und Zerreißen wird nicht begründet, sondern es heißt nur: *die sachliche Berechtigung und Notwendigkeit der Zusammenfassung wird kaum von jemand bestritten werden können!*

Doch! Und mit starken Sachgründen, die S. 37 näher angegeben sind. Dieses Verschieben ist eben nur Äußerlichkeit ohne inneres Erneuern und ohne daß die Fachgrenzen verschwänden.

Der Reformplan sagt unter o) *Zusammenlegen der Fakultäten* und n) *Ausbau und Vereinigung der Hochschulen:*

Die bisherigen Ausführungen werden aber wohl als hinreichender Beweis anerkannt werden; vorher und nachher ist jedoch in keiner Weise angedeutet, wie die Hochschulen und Fakultäten innerlich und sachlich vereinigt werden. Der Planverfasser scheint die Schwäche seines *Beweises* wohl zu fühlen, weil er sich auf *Beckers Gedanken zur Hochschulreform* beruft, von denen aber durch das Verschieben der Hochschulen und Fakultäten sicher nicht das geringste verwirklicht werden kann.

Die amtlich vorgeschlagenen Reformmittel bedeuten nur äußerliches Verschieben und Ändern der Namen. Der Vorschlag, die Vorlesungen in Gruppen, in Arbeitsgemeinschaften usw. abzuhalten, enthält einen schweren Vorwurf gegen die Lehrer, die ihm folgen, denn die Frage liegt nahe:

Wenn solche Mittel wirken, wenn sie Fortschritt schaffen und gar Wunder vollbringen können, warum habt ihr denn vorher im eigenen Pflichtenkreise nichts wirksam *vereinigt*, nie in *Gruppen* gelesen, kurz *zusammengewirkt?* Warum erst auf Aufruf des Regierungsbeamten? Oder genügt dessen Meinung, um Namen für neue Sachen zu halten?

7. *Technik und Wirtschaft.*

Kern und Ziel der Reform ist, *Technik* und *Wirtschaft* nebeneinander zu stellen. Das ist die Grundfeste, auf der eine Haupttat aufgebaut wird; die neue *wirtschaftswissenschaftliche Fakultät* und die Neuhochschule ist danach benannt:

Hochschule für Technik und Wirtschaft.

Ziel und Grundfeste ruhen jedoch auf einer Tautologie. Denn jede Technik ist Wirtschaft; eine um ihrer selbst willen betriebene Technik gibt es nicht, jede kann dem Gemeinwohl dienen oder eigennützig mißbraucht werden.

Wesen der Reform ist jedoch, daß die „*Wirtschaft*“ in der besonderen Fakultät gelehrt werden soll, das „*und*“ trennt und verstößt gegen den Grundsinn der Technik!

Selbst älteste Technik war Wirtschaft, die nicht besonders erwähnt wurde, weil sie selbst mit urwüchsigen technischen Mitteln der Handarbeit stets überlegen war.

Die Technik erfaßt jetzt höhere Bedürfnisse und schafft vollkommenere Mittel und Verfahren, ihre Leistungen sind lebensentscheidend für Volk und Staat, und jedes „*und*“ ist widersinnig geworden.

Nie führt die *Wirtschaft* den Fortschritt! Sie hemmt ihn so lange, bis sie ihn zu Eigennutz ausbeuten kann. Stets führt die Technik durch ihre Gestalter, welche die Bedürfnisse erfassen und die Mittel schaffen, sie zu befriedigen.

Die erkennenden Gestalter erschauen neue Wege, sie erdenken und schaffen die neuen Mittel, um mit neuen Wirkungen richtig erfaßten Bedürfnissen einfacher oder vollkommener zu genügen als bisher, und dadurch zeigen sie neue Wirtschaftsziele und zwingen das Neue der alten Wirtschaft auf. Das ist der Regellauf.

Der so vorausschauende Gestalter stellt sich selbst oder seinen Mitarbeitern die neuen Aufgaben, nicht die *Wirtschaft*.

Technische Hochschulen können nur dem Erziehungsziel folgen: das Gegebene, die Bedürfnisse richtig sehen zu lernen, diese zu erkennen, geeignete technische Mittel schaffen zu lehren durch zweckrichtiges Gestalten für richtigen Betrieb und richtige Wirtschaft im Volksinn, zu Gemeinnutz.

Der Reformplan will das Gestalten, das Schaffen zurückdrängen, hält es für die Wirtschaftslehre gar nicht für erforderlich, die Lernenden sollen wählen zwischen *Konstruieren* und *Wirtschaften*. Die „Reform“ wird dadurch ein Luftgespinst, ein Schattenbild, das mit Technik innerlich nichts gemein hat.

Die gewollte Wirtschaftslehre, getrennt von der gestaltenden Technik oder im Zusammenhang mit nur einem ihrer Auslaufzweige, mit der Massenfertigung technischer Mittel, bleibt einseitig, verwirrt die Lernenden oder hängt sie an einseitigste Ertragswirtschaft.

Weil das Mißbrauchen der Technik allgemein ist und noch zunimmt, weil der amtliche Reformplan die Wirtschaft ganz einseitig erfaßt, nützen auch Engelszungen nicht, die Grundirrtümer aufzuklären. Es sollen daher die Tatsachen der Geschichte sprechen:

Die Geschichte der Technik und des Fortschritts bietet eine lückenlose Beweiskette, daß die *Wirtschaft* immer gehemmt hat, solange sie konnte, daß nur die Technik jeden Fortschritt geschaffen und auf eigene Gefahr und Kosten erprobt hat und ihn dann der Wirtschaft meist aufdrängen mußte.

Die Kraftwirtschaft, besonders in den kohlenhungrigen Großbetrieben, auf Zechen und Hütten verwendete noch in den 90er Jahren rohe Auspuffdampfmaschinen, die nur $^1/_{20}$ der Kohlenwärme oder noch weniger in Nutzarbeit umwandelten und den ungeheuren Rest verschleuderten, obwohl gute Dampfmaschinen schon lange bekannt waren.

Die *Wirtschaft* hat nicht die Aufgabe gestellt, zu sparen, sie war mit ihren billigen Maschinen sehr zufrieden, weil sie genügenden Eigennutzen brachten. Volkswirtschaftlich hat sie nie gestrebt.

Mächtige weiße Auspuffdampfsäulen waren Wahrzeichen des regen Eigennutzes, einer *Wirtschaft*, die unersetzliches Volksgut verschleuderte, nur um mit geringeren Anlagekosten auszukommen.

Der Grundsatz der *Wirtschaft* war eben und ist vielfach noch: mit billigsten Mitteln in kürzester Frist möglichst viel Eigennutzen *herauszuwirtschaften*.

Ob die Verfahren volksschädlich wirkten, kümmerte sie nie. Auf solcher Grundlage kann aber kein wahrer Fortschritt erwachsen.

Kraftsparende elektrische Betriebe konnten in die *Großwirtschaft* erst eindringen, als sie selbst im Kleinzeug Gewinn erweisen konnten. *Die Wirtschaftsherren* lobten ihre alten unwirtschaftlichen Maschinen, weil sie billig beschafft waren und stark überlastet laufen konnten.

Im Schiffsverkehr haben die *Wirtschafter* keinen Fortschritt gesucht, solange sie ihren Nutzen mit billigen Maschinen herauswirtschaften konnten. Bessere Maschinen haben sie abgelehnt, solange sie konnten, nie haben sie die Fortschrittsaufgaben gestellt, außer in den „Rekord"-Anpreisungen mit hergerichteten Rekordminuten und wenn es Berge von Kohle und eine „Titanic" dazu kostete.

Jetzt, wo Turbinen und Verbrennungsmaschinen mit gefederter Räderübersetzung aufgekommen sind, wird wieder alles durch die Gestalter, durch die Erbauer der Maschinen unter eigener Verantwortung geleistet.

Der Eisenbahnbetrieb zeigt das Bild der Staatsbetriebe, deren *Wirtschafter* nur „Verwalter" sind. Die reden sehr viel von *Wirtschaft* und meinen damit das Preisdrücken im Beschaffungsverfahren und das Zusammentragen von Strafparagraphen aus Vertragsmustern. Diese *Wirtschafter* erhalten dann meist wirtschaftlich Schlechtes, soweit nicht starke Verbände der Lieferer das Preisdrücken hindern.

Im Lokomotivbetrieb werden nur etwa 4 v. H. der Kohlenwärme in Verkehrsnutzarbeit umgewandelt. Jetzt drängen wieder Gestalter zum Fortschritt, und die *Wirtschafter* gestatten, daß er auf Gefahr und Kosten der Neuerer versucht wird.

Die Dieselmaschine ist neuestens als Kraftmaschine überholt durch eine viel einfachere Bauart, die zudem jeden Brennstoff verarbeitet. Ein Fortschritt des planmäßigen Gestaltens ist geboten, den die *Wirtschafter* noch gar nicht kennen, und der ihnen wieder aufgezwungen wird.

Städtische Wirtschafter führen ebensowenig in ihren getrennt verwalteten Wasser-, Abwässer-, Gas-, Licht- und Verkehrsanlagen. Der Fortschritt kommt nur von außen, von Gestaltern, denen alle Verantwortung zugeschoben wird, wenn das Neue überhaupt zugelassen wird.

In Großkraftwerken haben nur die Gestalter der Gasmaschinen die alten Dampffresser verdrängt. Jetzt warten wieder die Wirtschafter, bis die Gestalter die alten schweren Großgasmaschinen durch Schnelläufer ersetzen oder die Verbrennungsturbinen schaffen.

Ein weitverbreiteter Irrtum ist aufzuklären: das Aussprechen eines Wunsches sei schon das Stellen einer Aufgabe!

Wünschen kann jeder Wirtschafter, jeder Warenkenner; ja jeder Sachunkundige kann ein Ziel andeuten, das mit neuen technischen Mitteln erreichbar sein könnte. Das ist aber noch lange kein Stellen einer Aufgabe.

Eine Aufgabe sachrichtig stellen schließt nicht bloß gelegentlich, sondern meist ihre Lösung schon in sich.

Es handelt sich dann oft nur noch darum, die Einzelheiten der neuen Mittel planmäßig zu ermitteln und zu erproben. Solches Aufgabenstellen vermag aber nur der im Gestalten Erfahrene, der die Bedingungen und die

Möglichkeiten der Gestaltung und Ausführung kennt und die verfügbaren Mittel, sowie den Betrieb und alle wirtschaftlichen Voraussetzungen und Wirkungen.

Der Fortschrittslauf bietet immer das gleiche Bild: Die *Wirtschafter* hemmen das Neue, solange alte verschwenderische Mittel noch Eigennutzen bringen. Sie reden eifrig über *Wirtschaft* als „Gebot der Stunde", meinen aber nur ihren eigenen Ertrag und nutzen schließlich alle Fortschritte, wenn die Schöpfer, die Gestalter auf eigene Kosten einen überragenden Ertrag nachgewiesen haben.

Die Geschichtsbeispiele reichen zum Teil zurück in Zeiten ärmlicher technischer Mittel. Sind die Wirtschafter in unserer Zeit fortschrittsfördernder? Mit nichten! Ein neuestes Beispiel spricht Bände über einseitige Eigennutzwirtschaft:

Die fortschrittlichen Gestalter bemühen sich jetzt um tiefreichendes Verbessern der Gastechnik und der Brennstoffauswertung, und umwälzender Fortschritt ist in Sicht. Ein anerkannter Führer der Großdampftechnik ist alsbald gegen das aufstrebende Neue aufgetreten und hat auffälligst zugunsten der Verschwenderwirtschaft in Dampfbetrieben verkündet:

Kohle vergasen sei Verschwendung! Wertstoffe aus Heizkohle gewinnen sei Unsinn, koste nur Geld! Alles müsse unter Dampfkesseln verbrannt werden wie ehedem, das bringe den besten Eigenertrag!

Niemand hat den hergerichteten Zahlen widersprochen, weil die meisten Techniker sich an die Eigenertragswirtschaft vermieten und dann das Wahre nicht zu sagen wagen.

Hier zeigt der amtliche Reformplan einige seiner tödlichen Fehler. Er ist aufgebaut auf den falschen Wirtschaftsmeinungen des Professors Schilling.

Der Grundirrtum steckt schon im „*und*" zwischen Technik und Wirtschaft, welches Trennen des Wirtschaftens von der Technik bedeutet und Vernachlässigen des Gestaltens.

Der Reformplan verwechselt die führenden Gestalter mit ihren einseitigen Hilfsarbeitern, mit den Zeichnern, denen allerdings die Aufgaben gestellt werden, aber nicht vom *Wirtschafter*, sondern vom verantwortlichen Gestalter.

Der Reformplan sieht nur seine eingebildeten leitenden *Wirtschafter* und hält deren Wünsche nach Gewinn für die Sachaufgabe.

Der Reformplan meint, die Gestaltungslehre habe an den Hochschulen zurückzutreten; sie diene nur den Studierenden, die diese „*Richtung*" wählen, das Neue und die Hauptsache sei: *Wirtschaft* zu lehren, also den unerfahrenen Studenten viel über *Wirtschaft* und nebenbei auch einiges über Technik vorzutragen. Dieser Irrtum ist Hochschultod!

Der Reformplan ist unheilvoll verstrickt mit Falschannahmen, die nur eine Teilaufgabe sehen, nur einen Teil der Fertigungstechnik und innerhalb dieser nur die Massenerzeugung.

8. Die wirtschaftswissenschaftliche Fakultät.

Sie ist die Haupttat der amtlichen Reform, sie ist mit vielen Einzelheiten angegeben und will die getrennte Behandlung von Technik *und* Wirtschaft verwirklichen, getrennt von den anderen Abteilungen mit *ihren vielen Konstruktionsarbeiten.*

Der Reformplan geht jedoch selbst dieser seiner eigenen Aufgabe aus dem Wege; er will zunächst nur *Anschluß der Handelshochschule*, er will

Ersatz für diese Fachhochschule durch die neue *wirtschaftswissenschaftliche Fakultät.*

Das ist eine Sackgasse, und so sagt denn auch der Planverfasser Klares weder über Wirtschaft noch Technik und überhaupt nichts über Handel.

Nur Äußerlichkeiten werden genannt: *bessere Lehrerausnutzung, billigerer Betrieb* und seltsamerweise sogar *bessere Lehrer, da das größere Arbeitsfeld es auch besseren Lehrkräften lohnend erscheinen läßt, ihre Arbeit der Lehrtätigkeit zu widmen!*

Wieder wird der Handelsfachschule ein Dr. verheißen und ein hoher Aufstieg *zur wirklichen Hochschule, die den Blick auf das Ganze richtet, zur Übersicht über das Ganze und zum wirklichen Führer erzieht!*

Hingegen wird die Hauptsache nicht gesagt: ob die Handelshochschule die Vereinigung innerlich will, ob die Handelsherren, die ihre Fachschule gegründet haben, damit einverstanden sind, daß sie ihr Fachziel und die Fachlehre ändert, ob die Marktlage ihnen gestatten wird, die vielen „*Führer*", die nunmehr ausgebildet werden sollen, auch anzustellen, oder ob nur ein sofort greifbares Promotionsrecht erstrebt wird, um Handelsdoktoren zu schaffen, die ja noch fehlen.

Der bei uns entscheidenden Frage der Vorbildung geht der amtliche Reformplan aus dem Wege, wegen deren doch in Aachen das Handelsfach nicht mit der Hochschule vereinigt ist, sondern nur an sie „angelehnt".

Oder soll den Handelslehrern der neue staatliche Brotkorb höher gehängt und dadurch eine Vereinigung erzwungen werden? Sie würde beiden Teilen nur schaden, wenn sie nicht innerlich gewollt und geistig geschaffen wird.

Der Reformplan bietet einen unmöglichen Lehrplan, weil er Wirtschaft von Technik trennt und die wesentliche Sachfolge verkennt: erst sachrichtiges Erkennen aller Schaffensbedingungen, dann zweckrichtiges Gestalten der technischen Mittel und Verfahren für richtigen Betrieb, wobei in allen Stufen wirtschaftsrichtig vorzugehen ist. Der Reformplan will die letzte Stufe allein betreten!

Der amtliche Plan ändert nur die Schulaufschrift und zählt der neuen Fakultät 42 Fächer vor, ohne jeden Zusammenhang mit diesen Stufen der Technik:

22 angebliche *Wirtschaftswissenschaften*, darunter *Mathematik*, *fünf Sprachen, Strafrecht,*

und 20 *technische* Wissenschaften, zum Teil der Anfang einer Fachlehre, aber ohne den darauffolgenden sach- und betriebswichtigen Teil, z. B. *Wärmewirtschaft* ohne Wärmetechnik, Gastechnik, Energietechnik usw., also nur Einleitung ohne Fortsetzung.

Zum Teil sind abschließende Fächer geboten, also Fachspitzen, ohne ihren Anfang, ohne alle Grundlagen, wie: *Krafterzeugung und -verteilung* ohne Energie-, Kraft- und Brennstofftechnik. Also Fachgipfel sind gezeigt, die aber kein Handelsbeflissener erklimmen wird.

Außerdem sind *zusammengefaßte* Fächer aufgezählt, die es noch nicht gibt, weil die erwähnte geistige Arbeit der Zusammenfasser fehlt, Fächer, die zudem ohne die zugehörigen technischen Mittel und deren Wirkungen nicht verständlich sind.

Es scheint also in der neuen Fakultät auf wirkliche Kenntnis der Technik nicht anzukommen; ihre *Wirtschaftswissenschafter* sollen wohl unirdisch bleiben wie an den Universitäten, wo solche doch schon erzogen werden, durch keine Kenntnis der Technik beschwert.

Der amtliche Reformplan nennt auch *Betriebswissenschaft*, die es als besonderes Fach nicht gibt, denn jede Technik ist Betrieb. Gemeint ist wohl nur der Zusammenhang mit der Teiltechnik der Massenfertigung technischer Mittel, die aber wieder ohne Werkzeugtechnik unverständlich bleibt.

Gegenüber solchen Sachfehlern möchte man fast annehmen, die lange Liste der 42 Fächer sei von einem Schreibfräulein aus Vorlesungsverzeichnissen abgeschrieben und eine „neuorientierte" Hand habe nur einige Namen abgeändert.

Wenn die Liste wirklich von der Technischen Hochschule aufgestellt wurde, warum haben nur die Maschinenbauer mitgeraten und nicht auch die Hochbauer, Tiefbauer, Wasserbauer, Eisenbahnbauer, Brückenbauer, Eisenbauer, Schiffbauer usw., da doch alle Gebiete mit Betrieb und Wirtschaft zusammenhängen?

Jetzt soll diese Liste Rückgrat und Lebensrahmen für Handelshochschulersatz dienen und eine neue getrennte Hauptfakultät rechtfertigen!

Kennzeichnend sind die Mittel, die der Reformplan wählt und mit hohen Worten empfiehlt:

1. zwei Hochschulen (Handels- und Landwirtschaftliche Hochschule) der Neuhochschule als Fakultäten „anzugliedern", mit dem Versprechen, dadurch würde viel Geld gespart, und

2. das andere Mittel: die Abteilungen ohne innere Umgestaltung ineinander zu schieben, wobei angenommen wird, das sei ein Weg zur Landesuniversität, dadurch würden die dicker gemachten Abteilungen universitätsreif und könnten zusammen mit den hinzugeschobenen Hochschulen eine Universität bilden, während in Wirklichkeit wesentlichster sachlicher Zusammenhang zerrissen wird.

Kennzeichnend für diese Mittel ist auch, daß der Plan zwar Ersparungen verspricht, aber auf eine Lebensfrage der Hochschulen nicht eingeht, nämlich auf die Frage der Hilfskräfte für die Übungen. Jetzt liegen die Verhältnisse so, daß erfahrene Hilfskräfte für die Bezahlung, die der Staat ihnen bietet, überhaupt nicht zu erlangen sind. Dadurch aber wird es unmöglich, den Riesenunterrichtsbetrieb der Hochschulen zu bewältigen. Dann hört auch die Fühlung mit den Studenten auf, die Hochschulen werden allerdings universitätsähnlicher, aber sie verlieren ihre Eigenart, ihren Lebens- und Nährboden. Dieses Stillschweigen zur Assistentenfrage stimmt allerdings mit der Ansicht des amtlichen Plans überein, daß Übungen im Gestalten künftig nur eine Sonderrichtung, nicht aber Grundlage des Unterrichts sein sollen. Damit aber wird das Wesen der Hochschulen untergraben und die Fähigkeit zu vertiefter schöpferischer Tätigkeit vernichtet; dann werden von den Hochschulen nicht mehr Schaffende, sondern Schwätzer ausgebildet, und ihr Ende ist nahe.

Im Zusammenhang mit den knappen, übereiligen Versprechungen der amtlichen Reform, insbesondere der geplanten *Wirtschaftsfakultät*, hat Professor Franz wertvolle Reformvorschläge gemacht und in Fachzeitschriften veröffentlicht. Sie sind aber anscheinend nicht beachtet worden. Franz schlägt vor, eine volkswirtschaftliche Fakultät zu schaffen mit dem Ziele:

Volkswirte an Technischen Hochschulen auszubilden.

Im Landtag hat der Hauptausschuß den Beschluß gefaßt: *das volkswirtschaftliche Studium an den Technischen Hochschulen so auszubauen, daß die Möglichkeit geschaffen wird, an ihnen eine abgeschlossene volkswirtschaftliche Berufsbildung unter starker Einbeziehung technischer Bildungselemente zu erwerben.*

Der Finanzminister war eifriger Befürworter dieses Beschlusses, einen Berufstand zu bilden, der bisher nur aus der Universität hervorging. Das wäre der Anfang einer wirklichen Reform gewesen. Denn an Universitäten ist die Volkswirtschaft nur Geschichts- und Sozialwissenschaft, Lehre der gewordenen Formen im Völker- und Staatenleben. Hier soll Volkswirtschaft und Technik verbunden werden! Das ist doch mehr als Handelslehreersatz, den der Reformplan erstrebt.

Volkswirtschaft mit der Technik zu verbinden, wurde nach Franz schon vor 60 Jahren von einem Staatsrechtslehrer in Tübingen verlangt, obwohl damals die Wirkungen der Technik noch gering und die „polytechnischen" Schulen unentwickelt waren.

Somit wäre immerhin schon die Hälfte der Zeit verstrichen, die bei uns das Anerkennen einfacher Gedanken erfordert, und wir können weiter hoffen.

Der Reformplan Franz ist auch deshalb kennzeichnend, weil er die gleichen Voraussetzungen macht, die für jede wirksame Reformtat gelten:

1. eine selbständige Prüfungskommission, die Diplomingenieure und Doktoren ernennt, was harmloser klingt als die von mir vorausgesetzte selbständige Abteilung, jedoch genau dasselbe bedeutet;
2. die stillschweigende, doch unerläßliche Voraussetzung des Zusammenfassens der fachwissenschaftlichen Lehre in vieljähriger geistiger Gemeinarbeit vieler Erfahrener für jede Fachrichtung.

Nach dem amtlichen Reformplan wäre solcher Ausblick ein verstiegenes Wahnbild und Spuk und Trug, denn er spricht nicht von Volkswirten als Verwaltern, gar als leibhaftigen künftigen Landräten; er sagt nur zaghaft einiges über die Ausbildung von Patentanwälten, Versicherungsbeamten, Gewerbeschullehrern, von *den schon seit langer Zeit geforderten Handelsattachés* und von *Konsulatsbeamten*, außerdem von *Kursen für* Betriebsräte, die wohl eine neue Art Beamte sein sollen.

9. Die neue Außenfakultät.

Die neue Außenabteilung ist das einzige Neue des amtlichen Reformplans. Alles andere ist nur Verschieben des Vorhandenen und Trennen von Zusammengehörigem.

Diese einzige Neuschöpfung soll folgende Aufgaben lösen:

1. *Fortbildungskurse für „Ingenieure der Praxis" einrichten!*
2. *Den Anschluß der Lehre und der Lehrer „an das praktische Leben" herstellen, sie mit den „Männern des praktischen Lebens", mit allen „Berufszweigen" verbinden!*
3. *Personen aus dem praktischen Leben für Einzelvorträge gewinnen!*
4. *Der Hochschule von allen Seiten Leben zuführen!*
5. *Die Ausbildung für unser Wirtschaftsleben verbessern!*
6. *Die Hochschule den Zeitforderungen anpassen!*
7. *Die wissenschaftlichen Aufgaben stellen und die Bearbeitung leiten, die im Gesamtarbeitsbereich der Hochschule und für die Allgemeinheit wichtig sind!*
8. *Besondere Wissensgebiete an einzelnen Hochschulen pflegen!*
9. *Die Erfahrungen zwischen den Hochschulen austauschen!*
10. *Wärmewirtschaftsfragen, Verkehrsfragen und Siedlungsfragen bearbeiten!*
11. *Kurse für Betriebsräte und Gewerkschaftsführer einrichten!*

Für diesen ungeheuren Arbeitsplan will der amtliche Reformplan seine neue *Außenabteilung* schaffen, *weil die Fakultäten für freiere Aufgaben nicht gut geeignet sind* (sie müssen für jede Maßnahme erst die Genehmigung beantragen und abwarten!), während die neue Außenabteilung *nach dem Willen der Professoren und Dozenten, die dieser Abteilung sämtlich angehören, frei entwickelt werden soll.*

Sie soll einmal im Jahre zusammenkommen und Erfahrungen austauschen. Alle Hochschullehrer sollen abteilungsweise ein etwa 20stimmiges Kollegium der Außenabteilung wählen, das sich somit vom gewählten Senat nicht wesentlich unterscheidet.

Der Lebensnerv, das Staatsgeld, wird dieser freien Fakultät nicht gewährt, sie muß sich selbst ernähren mit den Stundengeldern der Fortbildungskurse, worüber sie selbständig Rechnung führt, die Abrechnung indes dem Minister vorzulegen hat.

Das amtlich genannte Hauptziel ist, die Beziehungen zum *praktischen Leben* herzustellen, *denn wenn bisher der Unterricht an den Hochschulen in der einen oder anderen Hinsicht unvollkommen war, so sollte man jede Gelegenheit benutzen, das Versäumte nachzuholen.* Als Mittel hierzu sollen die *Fortbildungskurse* dienen — kein anderes ist genannt —, sie sollen die Lehrer mit der *Praxis* zusammenführen und sollen auch das Geld hereinbringen

Mit diesen *Fortbildungskursen* ist es aber so bestellt:

Sie sind oft versucht worden; das Bedürfnis ergibt sich aus dem unendlichen und raschen Fortschritt der Technik und dem Wunsche der Teiltechniker, neue Zweige und Grundlagen kennen zu lernen, die es früher nicht oder nur unvollkommen gab.

Daher haben die Vereine, insbesondere der Verein deutscher Ingenieure, und Verbände der Industrie, selbst einzelne größere Fabriken solche Kurse für ihre Ingenieure und Techniker veranstaltet. Sie haben sich an die Hochschulen oder an einzelne Fachprofessoren gewendet, die dann innerhalb eines fest umrissenen Zweckrahmens Vorträge abhielten. Hierbei sind jedoch zwei Arten von Kursen zu unterscheiden:

1. Kurse für die wenigen wirklichen Leiter der Großbetriebe.

Das sind Kurse für Oberingenieure, die sich unter Leitung ihres Direktors fortzubilden wünschen und dann ihrerseits das Zugelernte selbst ihren Hilfskräften der Teilgebiete nach eigenem Ermessen und für eigene Zwecke vermitteln.

2. Kurse für beliebige „Ingenieure".

Das sind meist Kurse für die Hilfskräfte der Industrie, Zeichner usw., die ihre Fachbildung erweitern wollen, meist geführt und unterstützt durch die Industrie. Hierzu kämen noch:

„Hochschulkurse" für jedermann.

Solche „Volkshochschulkurse" können hier ausscheiden, sie haben auf Fachgebieten nie Erfolg gebracht; die notwendige Vorbildung oder doch Fachbildung fehlt, das Zehntelwissen, das sie vermitteln können, versagt.

Kurse der 2. Gruppe können den Teilnehmern wohl Fachbelehrung bringen, aber keines der hohen Ziele kann erreicht werden, die der amtliche Plan aufzeigt; nur der Geldertrag ist hier zu holen aus der großen Teilnehmerzahl.

Es bleiben also als hochwertig nur die Kurse für die erfahrenen Leiter der Industrie. Nur diese Kurse für führende Erfahrene können den Lehrern Zusammenhang mit dem *praktischen Leben* bieten, und einige der Beziehungen könnten durch sie hergestellt werden, von denen der Reformplan so verlockend spricht.

Die Regel aber wird sein: Die Lehrer können nicht ausreichend das bieten, was die Nutznießer der Wissenschaft erwarten, und wahrer Erfahrungsaustausch wird nicht zustande kommen, der doch Seele und Sinn solcher Kurse sein sollte, auch im Sinne der neuen Außenabteilung.

Wahrer Erfahrungsaustausch läßt sich eben nicht „aufmachen", auch nicht amtlich, und schulmäßig schon gar nicht. Er gedeiht nur selbsttätig im verantwortlichen Zusammenarbeiten. Lehrer, die solches leisten können, werden für Stundengeberei in Kursen nicht zu haben sein.

Dazu kommt die leidige Geldfrage. Die Bezieher der neuesten Wissenschaft werden den Lieferern nie das bezahlen, was diese für Höchstleistung fordern müssen, und die Güte der Lieferung wird immer Streitfrage sein, weil der Wissenschafter meint, er habe das Beste, seinen Lebensertrag geboten, während der andere die Leistung meist nur nach der sofortigen Brauchbarkeit beurteilt.

Die Bezieher werden höchstens eine Anerkennungsgebühr bezahlen wollen plus den Erfahrungen, die der Lehrer angeblich eintauscht.

Was wertvoll wäre in dem seltenen Falle, daß die Erfahrenen offen sprächen, und in dem noch seltneren, daß sie das Hinaustragen ihrer Erfahrungen nicht fürchteten.

Der Erfolg und der Erfahrungsaustausch wäre möglich, wenn — wir uns auf einer anderen, besseren Welt befänden; an der gegenwärtigen wird die umständliche Außenabteilung nichts ändern.

Hienieden kann nur die 2. Gruppe durch die Masse Geld bringen, aber keine Erfahrungen; diese sind nur in der 1. Gruppe zu holen, die bringt jedoch kein Geld und ist zudem sehr gefährlich. Nur wenige Lehrer, nur solche, die selbst hocherfahren sind, können diesen leitenden Teilerfahrenen gewachsen sein.

Bei diesen Tatsachenmenschen versagt jede Schulgewandung, jede gelehrte Toga. Splitternackend müssen sich die Professoren unter diese frag- und urteilsfertigen Fachgenossen mengen, und nur kernfeste, anwendbare Weisheit sollen sie verzapfen.

Nur wenige würden sich dabei vorteilhaft ausnehmen, nur wenige könnten den vielen erfahrenen Fragern mit zuverlässiger Sach- und Lebensbelehrung antworten. Einige über- und unterbewußte Theoretiker haben es schon versucht und sind kläglich gescheitert.

Dazu kommt ein weiteres Hemmnis, das die Praktiker zwar lebhaft bestreiten, das aber tatsächlich besteht und tödlich wirkt: die Geheimniskrämerei.

Alle diese Erfahrenen sind im Geheimhalten ihrer schwer errungenen Erfahrungen aufgewachsen, die sie sich sogar gegenseitig innerhalb der gleichen Unternehmung verschweigen. Oft hütet jede Abteilung der Großbetriebe ihre eigenen Geheimnisse und sammelt eigene Erfahrungen.

Diese Erfahrenen werden diese Lebensgewohnheit des Geheimhaltens in „Kursen" nicht aufgeben, sie werden dem Hochschullehrer gar nicht sagen, was ihre wahren Erfahrungen und Sorgen sind, sie werden ihn stets nur mit begrenzten Sachfragen plagen, deren Urgrund aber verschweigen.

Der neuen Außenabteilung wird daher auf dieser Welt kein anderer Erfolg verbleiben, als daß sie die Fortbildungskurse niederer Art, der 2. Gruppe, die bisher Vereine und Verbände geleitet haben, in die Hand nimmt. Das wird nur Stundengeberei ohne die wundertätigen Beziehungen, die der Reformplan aufzeigt.

Diese einzige neue Tat wird sich als Fehlgeburt erweisen oder gar als Totgeburt, weil schon die Vereinskurse vielfach Widerstand gerade bei erfahrenen Lehrern gefunden haben, weil vielfach nur der Stundenlohn die Anziehungskraft für die Lehrer bildete. Erfahrung und *Erfahrungsaustausch* und Zusammenhang mit dem *praktischen Leben* ist hier nicht zu holen, höchstens einige Erfahrungen aus begrenzter Teiltechnik.

Die Kurse der 2. Gruppe sind für Teiltechniker der Großbetriebe bestimmt, überwiegend Gewerbeschüler, die geleitet sind von einem starken Drang nach Weiterbildung in den Grundlagen und Erweiterung in den Fachwissenschaften.

Ich habe wiederholt befürwortet, die Hochschulen sollten dieses volks- und fachwichtige Streben kräftig und kostenlos fördern, wenn vorher die akademisch gebildeten Ingenieure und ihr Beruf gesetzlich ebenso geschützt werden wie im Universitätsbereich die Anwälte, Ärzte und Lehrer, oder wenn die Universität ebenfalls Kurse für Hilfskräfte einrichtet und ihren Berufschutz fallen läßt, wenn alle Berufe der akademisch Gebildeten frei ausübbar werden.

Trotz der Alleinrechte der Universität wäre die bloß äußerliche, aber gesetzliche Anerkennung des Ingenieurberufs ausreichend, weil im verantwortlichen Schaffen nur die wirkliche Leistung bezahlt werden kann und nie die Herkunft des Könnens, wie dies der Staat zu seinem Schaden tut.

Alle Kollegen haben mir recht gegeben, viele haben aber doch an den Kursen und an der Vermengung der Ingenieure mit ihren Hilfskräften mitgewirkt, weil sie den Ertrag benötigten, und so wird es wohl bleiben. Die neue Außenabteilung hätte nun diese alte Sache der Kurse von Hochschulwegen weiterzuführen, würde dabei aber von Vereinen und Verbänden abhängen.

Nur der Unternehmername wäre geändert, an die Stelle der beweglichen einfachen und kostenlosen Leitung der Vereine träte eine vielschreibende Hochschulleitung und allzu viele würden am Ertrag Anteil haben wollen, der eine ganze Fakultät ernähren soll. Ein großer Teil der Einnahmen würde wohl im Leerlauf verbraucht.

Gut geleitete Kurse haben bisher einen Ertrag von 5—6000 Friedensmark gebracht, wenn sich die Vortragenden mit einem Stundengeld von 5—6 Friedensmark begnügten. Mit solchem Ertrag werden die neue Fakultät und ihre reichen Aufgaben wohl Not leiden. Sicher ist nur, daß die Lehrer von ihren wahren Hochschulaufgaben abgelenkt werden.

Selbst für die zu belehrenden Teiltechniker genügen keine schulmäßigen Vorträge; sie brauchen eingehende Bearbeitung von bestimmten, meist von außen gestellten Aufgaben, denn die Teilerfahrenen wollen rasch vorwärts kommen.

Selbst auf dieser Stufe werden nur einzelne Erfolg erringen, starke Persönlichkeiten mit hoher Fach- und Lehrerfahrung, die das Streben und Können der Belehrungsuchenden voll verstehen. Das aber sind Eigenschaften, die schon im Hochschulbetrieb selten und nicht zu haben sind für Kurse, deren Ertrag eine große Fakultät ernähren soll, eine „*freie, sich selbst verwaltende*", die sich aber gar bald von den amtsschimmeligen nicht unterscheiden wird.

Dazu noch unsere Zeit, die amtlich zu wenig zahlt und jeden zwingt, nach Erwerb auszuspähen. Da werden die Kursstunden nur die wenig Leistungsfähigen locken, und die werden den Lernbegierigen nicht genügen.

Wie die vielstimmige neue Abteilung bei solchem Aufbau, ohne Staatsmittel, die stets kostspieligen wissenschaftlichen Arbeiten einleiten und leiten soll, bleibt Geheimnis des amtlichen Planes. Ebenso, wie die vielen anderen Aufgaben zu lösen sind: der Hochschule *Leben* zuzuführen! unser *Wirtschafts*leben zu verbessern! den *Zeit*forderungen zu genügen! wichtige technische und wirtschaftliche *Fragen* zu bearbeiten! usw.

Der amtliche Plan sagt, die neue Außenabteilung soll die *Verbindung der Professoren mit dem praktischen Leben herstellen* und den Studierenden eine *bessere Bildung als bisher* bieten.

Man erreicht, daß die neuen Hochschulen *ihren Studierenden eine umfassende Bildung, nicht nur eine reine Fachbildung, zu geben vermögen, aber das Studium und die Professoren müssen sich den Forderungen des praktischen Lebens enger als bisher anschließen.*

Alles durch die neue Außenabteilung und ihre Kurse! Denn alles andere bleibt doch unverändert, wird nur unter neuen Namen aneinander gereiht.

Der amtliche Plan stützt sich auf seltsame Annahmen:

Der *Zusammenhang mit dem praktischen Leben* werde *erleichtert durch* eine Bezahlung der Professoren, *welche der für erste Kräfte der Privatindustrie einigermaßen gleich steht.*

Wenn in dieser Beziehung wohl auch noch Verbesserungen erwünscht sind, wird man sich doch aus verschiedenen Gründen damit abfinden müssen daß eine gleiche Bezahlung schwer durchführbar sein wird.

Der Lebensfrage wird auch hier aus dem Wege gegangen, und die sanften Worte passen übel zu der Tatsache, daß die Industrie ihren ersten Kräften das 5—10fache der amtlichen Besoldung gewährleistet.

Der Planverfasser meint aber, daß trotzdem erste Kräfte zum Hochschulbetrieb übergehen könnten, *wenn sie die Möglichkeit haben, als anerkannte Fachmänner im Vordergrund des wissenschaftlich-wirtschaftlichen Lebens zu stehen!* Als Wissenschafter und Lehrer? Geschichtlich nachweisbar ein seltener Fall! Als schöpferische Gestalter? Ebenso selten! Und beides nur Sache starker Persönlichkeiten! Also die *Außenabteilung* soll wohl Wunder wirken? Durch die Kurse? Durch die wissenschaftliche Arbeit ohne Geld? Durch die Praktiker als Zuhörer in den Kursen? Durch Vorträge Außenseitiger? Das ist der allerseltenste Fall, daß wirklich Erfahrene hierzu Zeit und Lust finden.

Übrigens hängt der *anerkannte Fachmann* durchaus nicht von der bestimmten „Organisation" ab, in der die Leuchte wirkt, sondern nur davon, was er den Anerkennenden wirklich leistet. Die *Außenabteilung* bringt die Anzuerkennenden gar nicht in die Kreise, auf deren Werturteil es ankommt.

Der amtliche Plan verspricht sich endlich großen Aufschwung vom *Erfahrungsaustausch* zwischen den Hochschulen durch ihre Außenabteilung.

Diesen Austausch, *das verbindende geistige Band,* soll ein erwählter Verbindungsprofessor herstellen, der an allen Sitzungen aller Hochschulen teilnehmen und die Erfahrungen sammeln und vermitteln soll! Der Arme!

Für dieses Sitzungsgeschäft mag sich vielleicht ein technischer Parzival finden, für den wirklichen Erfahrungsaustausch muß der Wundermann sicher erst geboren werden.

Wieder muß gesagt werden: einen Wunsch aussprechen heißt noch lange nicht eine Aufgabe stellen, und eine papierne „Organisation", mit denen wir seit dem Kriege erstickt werden, ist noch lange kein gangbarer Weg zur Lösung einer Aufgabe.

Das ist das Bild der geplanten *Hochschulreform*, wenn das amtlich Gewollte und die sachlichen Einzelheiten prüfend den Tatsachen und Hemmnissen gegenübergestellt werden.

Der Mangel an Geschlossenheit und Klarheit, der daraus hervortritt, fällt dem Plane selbst zur Last, dem ich in Anordnung und Einzelheiten habe folgen müssen.

Die Unausführbarkeit des Planes mag auch Fernstehenden klar werden, wenn das, was er will, auf verwandte Gebiete übertragen wird, die weiten Kreisen besser bekannt sind als die wissenschaftliche Technik, z. B. auf Kunstschaffen oder Heilkunde. Die Vergleiche hinken freilich, weil sie nur einzelnes und nicht alles Verfehlte, was der Reformplan der Technik zumutet, ins Licht rücken.

Man nehme an, die Hochschulen für Kunstbetätigung würden so *reformiert*, daß den Kunstjüngern die Wahl überlassen wird, in welcher *Richtung* sie sich *vertiefen* wollen, ob im richtigen Sehen oder Empfinden oder im *Gestalten*, oder in der *Wirtschaft*, im Endziel, in den *großen Zusammenhängen und Wechselwirkungen* zwischen Schaffen und Kunstmarkt, statt in Einzelheiten und in die *Fachtechnik* einzudringen. Es werde fortan *Kunst und Wirtschaft* in einer besonderen Abteilung gepflegt, welche *Führer* ausbildet.

Oder das Medizinstudium solle fortan nicht mehr *am Fache haften*, nicht bloß Fachleute ausbilden, sondern eine neue Blüte der Medizin solle kommen durch einen Nachwuchs mit *Führereigenschaften*, der die wirtschaftlichen Zusammenhänge erfaßt usw. Und die Studenten sollten frei wählen, welcher *Richtung* sie sich zuwenden, ob der pathologischen, therapeutischen, chirurgischen, oder einer besonderen Fakultätsabteilung für *Heiltechnik und Menschenkunde*, die den *Blick auf das Ganze* richtet usw.

III. Schicksalszeit der Technischen Hochschulen.

Den von mir niedergeschriebenen Abschnitt über die „Schicksalszeit“ werde ich später veröffentlichen, weil eine Schrift von Professor Schenk: *„Die Technischen Hochschulen am Scheidewege“* (Breslau 1921) in einigen Hauptfragen von anderen Gesichtspunkten aus zu ähnlichen Schlüssen gelangt wie ich und es mir erwünscht scheint, hier eine andere Stimme sprechen zu lassen.

Schenk tadelt vor allem und mit vollem Recht, daß der amtliche Plan bewußt die Grundlagen nicht aufzeige, aus denen er erwachsen sei;

daß er jede allgemeine Erörterung für unnötig halte, während er doch aus willkürlichen Annahmen entstanden sei, ganz auf den falschen Ansichten des Professors Schilling fuße und die gleichen Grundfehler begehe wie dieser, nämlich annehme:

1. die „Wirtschaft“ weise der Technik die Wege und stelle ihr die Aufgaben;
2. die Technik als Sache des Gestaltens könne keine wirtschaftliche Erziehung bieten, und
3. die wirtschaftliche Erziehung müsse durch die Unternehmerwirtschaft, daher an einer *Hochschule für Technik und Wirtschaft* geboten werden.

Schenk — dessen wesentlichste Äußerungen im nachfolgenden in *Kursivschrift* wörtlich angegeben sind — erweist diese Annahmen als *eine völlig ungeeignete Grundlage einer Hochschulreform und von geradezu katastrophaler Bedeutung nicht nur für den Beruf des Ingenieurs, sondern auch darüber hinaus für die Kultur unseres Volkes.*

Ein tiefer Irrtum über das Verhältnis von Technik und Wirtschaft zueinander liegt der Auffassung zugrunde.

Schenk erweist als maßgebenden Ausgangspunkt: die Bedürfnisse und ihre Befriedigung durch *produktives Schaffen.* So war es von jeher, und so bleibt es auch in weitverzweigter Wirtschaft.

Das produktive Schaffen ist und bleibt die Zelle der Wirtschaft, aus ihr entwickelt sich der ganze, heute so komplizierte Wirtschaftsorganismus.

Die Technik hängt ohne das Bedürfnis nicht bloß in der Luft, sondern sie ist ohne das Bedürfnis überhaupt nicht denkbar.

Schenk erweist, daß die gewollte amtliche Reform bei ihren — Professor Schilling entlehnten — Falschannahmen Wirkung und Ursache verwechselt.

Ursache der Wirtschaft ist das Bedürfnis samt dem Erzeugnis, welches das Bedürfnis befriedigt, und die Wirkung beider ist die Wirtschaft.

Schillings Grundirrtum ist von folgenschwerster Bedeutung, denn er baut darauf eine Hochschule für Technik und Wirtschaft auf. Statt beim Aufbau dem

Gesetze des Lebens, dem Gesetze der Wirklichkeit zu folgen, also gleichsam mit der Zelle der Wirtschaft zu beginnen.

Den Grundfehler der amtlichen Reform sieht Schenk darin, daß sie vom ausgewachsenen, schon völlig gespaltenen Wirtschaftsverfahren ausgeht und dabei vergißt, daß das Gesetz, nach welchem sich das Wirtschaftsleben entwickelt, jetzt noch genau so gilt wie zu Anfang der Wirtschaftsentwicklung.

Was Ziel und Endpunkt, Gipflung des Aufbaues sein sollte, wird an den Anfang gestellt, zum Fundament gemacht, *die natürliche Ordnung wird umgekehrt!*

Die natürliche Ordnung wird außerdem zerrissen und zerstört.

Aus dieser Naturwidrigkeit muß nicht nur für die Ausbildung des Ingenieurs, sondern auch für die Kultur überhaupt der größte Schaden erwachsen.

Schenk begründet: Die Wirtschaftslehre müsse an der Quelle erfaßt werden, nicht an *Sonderformen* der Wirtschaft, nicht bei der *Großmassenfabrikation*, die der amtliche Reformer einseitig ins Auge faßt, weil er das *Fabrizieren allein* sieht und was damit zusammenhängt, wie Arbeitslehre, Lohnlehre, Psychotechnik usw., während ihm *schöpferisches Schaffen wesenlos ist.*

Die amtliche Reform sehe nur noch *die unermeßliche Großfabrik für Massenerzeugnisse*, deren Technik die Weisungen nur noch vom Unternehmer erhalte, der Bedürfnisse künstlich schaffe.

Es gibt doch Dinge, die für sich da sind — das Geld!

Die geplante Wirtschaftsbildung gehe von der falschen Annahme aus, *das Gestalten sei nur wirtschaftsfreie Kunstübung.*

Diese falsche Annahme verleite die Studierenden zu *unheilvollem Mißverstehen der produktiven Arbeit* und zum Glauben, die *Unternehmerwirtschaft allein sei Wirtschaft, der Unternehmer sei Alleinherr der Arbeit und der Technik, die nur Magd des Unternehmertums seien.*

So werde der *Nährboden für das so verheerend wirkende Unkraut der Selbstsucht geschaffen*, und in der Lehre werde die Hauptaufgabe gänzlich beiseite geschoben:

die Ausbildung zur produktiven Arbeit, die mit dem ihr innewohnenden sittlichen und kulturgebenden Bildungswert berufen wäre, der Selbstsucht, diesem Schädling des Gemeinwohls, entgegenzutreten.

Das Gemeinwohl, das Wohl des Volkes, könne doch berechtigte Anforderungen an solche Bildungsanstalten stellen, die aus seiner Tasche unterhalten werden, denn das Gemeinwohl werde tief geschädigt, wenn sich die Wirtschaftslehre auf der Unternehmerwirtschaft aufbaue.

Schenk beurteilt den Amtslauf nach folgenden Tatsachen:

1. Riedler gab den Anstoß zur Reform. *Von seinen Forderungen ist im Aumundschen Plan nichts mehr zu finden.*

Dies kann ich nur bestätigen und unterstreichen. Im amtlich angeregten Reformplan sind, wie auch in anderen Reformschriften, wohl meine Worte, aber nicht ihr Sinn wiederzufinden.

2. Die Dresdener Tagung hat sich über die unbequemen Fragen hinweggesetzt, hat die Frage einer grundsätzlichen pädagogischen Umwälzung überhaupt abgewiesen.

3. Die Dresdner Tagung hat den Gedankengang Schenks wohl gewürdigt: *vor allem das Lehrverfahren so auszubilden, daß es den Menschen sittlich zu fördern, ihn zum ganzen Menschen zu erziehen vermag*, sie hat aber

nur einen zu nichts verpflichtenden Plan empfohlen, *um ein praktisches Ziel zu erreichen!*

4. In Halle haben die Hochschulvertreter Schenk abgewiesen mit Einwänden, wie:

Schenks Worte sind goldne Worte, geeignet für eine Fürstenschule!

Wir können uns hier nur über die Kenntnisvermittlung unterhalten!

Das pädagogische Element ist eine Frage der erzieherischen Kraft des einzelnen.

So wurde die Pädagogik von den Hochschullehrern aus der Hochschulreform hinausgewiesen!

Schenk berichtet, daß das abgewiesene neue Lehrverfahren in Breslau denkbar besten Erfolg habe und verlangt das gleiche wie ich: die Tat!

Die in Dresden und Halle tagenden Berater haben Lehrverfahren und Lehrplan durcheinander geworfen, sie hatten gar keine klare Ansicht davon, was sie wollten; sie wollen die Hochschulen „reformieren", unabhängig von pädagogischen Gesichtspunkten. Und in diesen Fehler verfällt auch der Aumundsche Reformplan.

Wären den Erörterungen über Hochschulreform pädagogische Erwägungen vorangegangen, so hätte der Irrweg erkannt werden müssen.

Freilich, wenn die Meinung besteht, daß Unternehmerwirtschaft der Ausgang der Wirtschaftslehre ist, dann kann es schon verständlich sein, „aus praktischen Gründen" vom Menschen zu abstrahieren und „zur Sache" überzugehen!

Ingenieur, Wirtschafter und Mensch sind untrennbar, sie müssen herausgebildet werden an der *Arbeit der Technik durch Eigenarbeit.*

Die Technik ist geistiges, hochentwickeltes und umfassendes schöpferisches Werteschaffen und ist geeignet, *Arbeit als Ausdruck der menschlichen geistigen und sittlichen Fähigkeiten durch Eigenarbeit zu lehren.*

Der Lehrer kann das Wesen der Technik dem Schüler in seiner einfachsten Form *am lebendigen Beispiel der wirklichen Berufsarbeit durch Eigenarbeit erleben lassen* und ihm dann Wiederholungen und vielgestaltige Verknüpfungen ein und desselben Grundgedankens zeigen.

Der Schüler kann aber nicht mit der Berufsarbeit vertraut gemacht werden *durch Gruppenvorlesungen und Besichtigungen industrieller Betriebe, wie Aumund vorschlägt.*

Der Studierende wird durch diesen zwar unterhaltenden, aber zeitvergeudenden Spazierritt verwirrt, und es entstehen in ihm falsche Vorstellungen von der Arbeit und vom Ingenieurberuf.

Aumund beachtet die Fehler nicht, an welchen der bisherige Hochschullehrgang so schwer leidet.

Aumund vertieft sich in der Tat gründlichst in die alten Fehler.

Aumund muß Teilausbildung anstreben, denn die Technik ist ihm von Wirtschaft verschieden.

Die Technik ist ihm etwas Unganzes, Lebloses; sonst wäre seine Lehre von der Unternehmerwirtschaft unnötig.

Schenk kommt zu dem vernichtenden Urteil:

Aumunds Reform macht grundlegende Wirtschaftsausbildung unmöglich, da sie den Geist verkennt, der der Technik als produktivem Schaffen innewohnt, da sie ohne Pädagogik, ohne Herausgestaltung der Persönlichkeit Wirtschaftslehre lehren will.

Die Aumundsche Hochschule kann nicht einmal eine Hochschule für gesunde Unternehmerwirtschaft sein.

Sie ist ein Bauwerk ohne Fundament, das in sich selbst zusammenstürzen wird und dabei dem Volk schweren Schaden bringen muß.

Reicht denn der Blick dieser Herren Reformer wirklich nicht so weit, daß sie erkennen, wie ein solcher Reformplan systematisch jenem einseitigen, ungesunden, verderblichen Kapitalismus erst recht die Wege ebnet?

Sehen diese Herren denn nicht, daß durch solche Reformen die Hochschule zur Schule des Mammonismus herabgewürdigt wird und zur Kulturgefahr werden muß, weil ein solcher Ausbildungsplan für eine Auffassung ausgebeutet werden kann, nach welcher der Mensch nichts, das Geld, der Erwerbsgewinn alles gilt?

IV. Hochschulreform und „die Industrie".

Der Verein deutscher Maschinenbauanstalten veröffentlicht in seinen vertraulichen Mitteilungen, fern jeder öffentlichen Erörterung, eine Lobrede auf die Aumundsche „*Universitas*", die sicher als Zustimmung „*der Industrie*" ausgegeben und angesehen wird, ebenso wie seinerzeit die haltlosen Dresdner Beschlüsse als von der „Industrie" genehmigt verwertet wurden, weil einige Fabriksleiter dabei anwesend waren.

Der Verfasser, Fabrikdirektor Dr. Lippart, hat sich bisher öffentlich mit Wissenschaft und Hochschulen nicht befaßt, sein Wort wird jedoch wegen seiner Stellung, insbesondere als Kurator des Vereins deutscher Ingenieure, beachtet. Tatsächlich könnte er zielklärend wirken, wenn er fachlich und zweifellos sagte, wie denn die Industrie künftig die nach amtlicher Art ausgebildeten Ingenieure zu verwenden gedenke.

Leider beschränkt sich Herr Lippart auf ganz Allgemeines und auf fast gleiche Worte wie der amtliche Plan und geht auf die schwierige Sache überhaupt nicht ein, erwähnt sogar die Grundfrage nur von außen her: Teilreformen seien schon lange erstrebt, brächten aber den *neuen Geist* nicht, *um unser Land einer neuen wirtschaftlichen Blüte entgegenzuführen*. Welcher Geist dies sei, ob der Aumundsche oder ein anderer, wird verschwiegen.

Die Deutschen brauchten daher Erziehungsstätten für *weitblickende Führer*, denn *trotz glänzender wissenschaftlicher Begabung* und Riesenfleiß fehle uns der *Blick auf das Ganze*, auf die großen *Zusammenhänge des wirtschaftlichen Lebens* und für die *weiteren Ziele und Wechselwirkungen*, die wegen Augenblicksvorteilen aus dem Auge gelassen werden, besonders beim Verschleudern deutscher Erzeugnisse. Daher müßten wir Leute erziehen, die auch die *ferneren Ziele* sehen und sich bewußt verantwortlich fühlen gegenüber dem *Unternehmer*, der *Volksgesamtheit* und den geschäftsbefreundeten *Völkern*. Was die jetzigen Ingenieure nicht vermögen?

Diesen allgemeinen Ausführungen folgen jedoch Worte, die als Warnung ins Stammbuch des amtlichen Reformators passen und dessen Reformen grell beleuchten:

> *Nicht dadurch werden wir das Ziel erreichen, daß wir unseren Nachwuchs an recht vielen Fächern nippen lassen!*
>
> *Leute, die mit noch weniger positiven Kenntnissen und mit noch größerer Meinung von ihrer geistigen Bedeutung als bisher die Hochschulen verlassen, belasten die Industrie!*

Hört! Hört! Sehr richtig! wäre hier auszurufen angesichts des amtlichen Planes, der nicht nur an vielen technischen und wirtschaftlichen Fächern nippen läßt, der wählen läßt zwischen *Theorie, Gestalten, Betrieb und Wirtschaft*, die doch untrennbar zusammengehören, angesichts des

Amtsplanes, der eine besondere Wirtschaftsabteilung aufrichtet, in der an 42 Fächern genippt werden kann, worunter jedoch die grundlegenden wissenschaftlichen fehlen.

Gegen den Vorwurf des „Nippenlassens" wird eingewendet werden: die Studierenden sollen ja Theorie, Gestalten und anderes nicht vernachlässigen, sie sollen das alles auch pflegen, sie sollen jedoch auch eine *andere Richtung wählen* können. Das aber ist eben sachschädliches Nippen.

Lippart bleibt aber nicht bei seinem richtigen Grundsatz: Nicht nippen lassen, sondern vertiefen! Er springt plötzlich über auf die herkömmlichen Worte, mit denen bei uns jede wirklichkeitswidrige Bildung gepriesen wird: *Vorbereiten! Fundament* bauen! *Charakter* bilden!

Seine näheren Angaben hierzu sind jedoch wieder verdammend für den Amtsplan:

Nicht Vielwisserei auf vielen Gebieten ist notwendig!

Der amtliche Plan setzt aber der Neuschule für Wirtschaft 42 Fächer vor, zu denen noch mehr Fächer hinzukommen, wenn die Studierenden nicht Wirtschaft allein wählen, sondern auch Fachwissenschaften oder gar Gestaltung.

Sondern Schulung des Geistes und Allgemeinbildung im wahren, edlen Sinn des Wortes!

Der Amtsplan bietet aber in der Zwangsunterstufe nur Fächer einer verspäteten Vorbildung und in der wahlweisen Oberstufe kein einziges allgemein bildendes Gebiet!

Erkennen des Zusammenhangs der Dinge, auch der lebendigen Wirklichkeit!

Der Amtsplan zerreißt doch wesentliche Zusammenhänge, den Zusammenhang zwischen Technik und Wirtschaft, Chemie und Technik, Chemie und Hüttenwesen; er vernichtet das Lebendige sogar äußerlich in seinen Abteilungen für *Bauten und mechanische Betriebe.*

Würdigen des wirklichen Geschehens, der hindernden Kräfte, des eigenen Könnens, des Kampfes mit den Widerständen der praktischen Ausführung!

Wie würdigt wohl ein Wirtschaftsstudent der Neuschule das wirkliche Bestreben, wie prüft er das eigene Können, wenn er 42 Fächer hört, unter denen die wichtigsten fehlen? Was lernt er dabei überhaupt von praktischer Ausführung, ohne Gestalten, das er ja nicht zu wählen braucht? Was lernt er von alledem in der verspäteten Vorbildung und in der kurzen Wahlfachlehre?

Ernste Berufsauffassung und tiefes Gefühl der Verantwortung gegenüber den Naturgesetzen, dem Unternehmer, den Angestellten, Arbeitern und der Volksgemeinschaft!

Diesem Ziel widersprechen jedoch die Tatsachen des Amtsplans, der der erfahrungslosen Vorbildung 2 Pflichtjahre zuweist, und der die Anfänge der Fachlehre von unerfahrenen Studierenden wählen läßt, die die Naturgesetze, das Gestalten und alles Lebendige beiseite lassen können.

Nun spricht Lippart das einzig Richtungweisende aus: All das Schöne und Neue könne nicht *vom Katheder herab* erreicht werden und nicht durch Fachhochschulen, sondern nur durch:

Inniges Zusammenarbeiten!
Enges Aufeinanderangewiesensein!
Gemeinsames Bauen!

Solche Worte gebraucht auch der Amtsplan, der aber durch seine Taten tief trennt was zusammengehört, der die Vorbedingung jeder Reform verfehlt: die getrennt erwachsenen Fachwissenschaften vorerst geistig zusammenzufassen, der also meint, der gute Wille und das Nebeneinandersitzen und Reden könne das Versäumte vieler Jahrzehnte nachholen!

Lippart sieht Heil und Erfolg ebenfalls darin, daß die verschiedenen Lehrer

sich wieder an einen Tisch setzen und gemeinsam beraten, was dem jungen Geschlecht nottut!
Unter Nachdruck der Organisation und der Vorschrift!
Das neue Leben läßt sich nur so schaffen!

Wozu nur zu sagen ist: Wenn es auf die *Vorschriften* und auf neue „*Organisationen*" ankäme und auf das *Beraten* am gemeinsamen Tisch, dem grünen, dann wären wir seit Kriegszeit längst über alle Völker emporgewachsen!

Was ist nicht alles *befohlen*, *organisiert*, *beraten* und *beschlossen* worden! Alte und neue wirkungslose Wünsche! Neu ist hier, daß nunmehr auch die Wissenschaft und ihre Lehre unter Vorschrift gestellt und dabei gedeihen, sogar *neues Leben* schaffen soll!

Das wird die Universität erheitern. Und ihr soll doch nachgestrebt, auf sie soll Eindruck gemacht werden durch die verdickten Abteilungen, die die *technische und wirtschaftliche neue „Universitas"* bilden sollen!

Lippart reiht an diese Zielweisung nur das Lob der neuen *Außenabteilung*, die im *freiesten Rahmen* sich *allen Arbeiten widmen* kann, *die die Hauptabteilung sein sollte*, die als *freies Gebilde über den anderen Abteilungen stehen müsse, wenn der Zwang des Zusammenarbeitens der Lehrer mit den Männern der Praxis sich verwirklichen läßt!* — durch Fortbildungskurse!

Und das Ganze sei *ein wesentlicher Schritt zur umfassenden Landesuniversität!*

Durch die Vorschrift? Durch den Zwang? Durch die Fortbildungskurse? Durch die Außenabteilung? Durch die getrennte Wirtschaftsabteilung? Oder durch das Beiseiteschieben der Technik?

Der angesehene Vereinskurator und Leiter einer großen Fabrik hätte sich ein großes Verdienst erworben, wenn er an Stelle seines Gesamtlobes der amtlichen Reform und statt allgemeiner Ausdrücke, die nur Wünsche umschreiben und nicht einmal Aufgaben stellen, sich ausschließlich zu folgenden Tatsachen und Sachfragen geäußert, wenn er bestimmt, fachlich und verbindlich und ohne Vorbehalte folgende kleine Anfragen beantwortet hätte:

1. Der Maschinenindustrie ist bekannt, daß die Technischen Hochschulen allen berechtigten Ansprüchen genügt haben zur Zeit, als ihre jetzigen Führer die Schulung durchmachten, die im wesentlichen Anleitung war zu sachrichtigem Überlegen, Rechnen, Gestalten und Betriebsführen.

Kann „die Industrie" bekräftigen, daß ihre hohen Leistungen in entscheidender Zeit mit dieser Bildungsart zusammenhängen? Oder glaubt sie, ihre jetzigen Führer wären weitblickender und erfolgreicher geraten, wenn sie diesen Bildungsweg vernachlässigt und dafür das Wirtschaftsbereden schon auf der Schulbank gepflegt hätten?

Die Beantwortung dieser Frage ist entscheidend, denn das angebliche Fehlen der *weitblickenden Führereigenschaften*, des *Blickes auf das Ganze* und die *Zusammenhänge* ist ein übles Zeugnis für die jetzt führenden Direktoren und Oberingenieure.

2. Der Industrie ist weiter bekannt, daß jetzt amtlich ein neuer Bildungsweg erstrebt wird, der *Technik und Wirtschaft trennt* und *Wirtschaftswissen* ohne vorangegangene Fachbildung pflegen will.

Wie gedenkt die Industrie derart Ausgebildete zu verwenden? In Konstruktionsabteilungen? In Betrieben? In wirtschaftlicher Beratung der Direktoren? In weitblickender Oberleitung der schöpferischen Werkabteilungen? Im Verkaufen? Im Werben? Auswärts?

3. Wie viele solcher Wirtschaftsingenieure neuer Art, die laut amtlichen Plans schon auf der Neuschulbank *Führereigenschaften* erlangen können, gedenkt die Industrie oder etwa die Maschinenfabrik Augsburg-Nürnberg alljährlich anzustellen?

4. Will die Industrie diese Wirtschaftsingenieure neuer Art, die auf den *Handelsherrn* und *Führer* studieren, während nach alter Fachbildungsart erst lange harte Erfahrung, Fachvertiefung und besondere Begabung erforderlich war, um zum Führer aufzurücken, will die Industrie diese kommende Ausbildung höher bezahlen als die alte?

5. Gedenkt die Industrie fortan selbst Wirtschaft und Technik wirksamer zu trennen als bisher oder doch Gestalten und Wirtschaften? Will die Industrie mitwirken, daß an der Neuhochschule Wirtschaftswissen und *Führer* ausgebildet werden, statt wie bisher nur schaffensfähige Mitarbeiter? Die erst unter Leitung von Schaffenserfahrenen Führer werden können?

6. Will die Industrie mit der Regierung durch die Neuhochschule mit dem vorzeitlichen Vorurteil brechen, jeder, der mehr als Zeichner, Zähler oder Handlanger werden will, müsse erst ein Teilfach erfassen, um in der Industrie werteschaffend mitwirken zu können? Will sie fortan wie bisher nur die Könner fördern oder die Wisser, die gelernten *Führer*?

7. Kann die Maschinenindustrie namens „der Industrie" sprechen? Namens der zahlreichen Industrien, in denen die Ausbildung für eine Herstellungstechnik nicht entscheidet, sondern Beherrschung der Maschinenbetriebe, der Energie- und Wärmetechnik usw.?

8. Haben die Technischen Hochschulen den Nachwuchs wesentlich nur für die Fertigungstechnik, insbesondere die Massenfertigung, auszubilden?

Oder ist selbst in der Maschinenindustrie die Technik und Wirtschaft der Massenfertigung allein nicht entscheidend, um die sich der amtliche Reformplan dreht?

9. Glaubt „die Industrie", ihren vielseitigen Aufgaben sei gedient, wenn immer nur die Technik der Maschinenherstellung das Wort führt, Hochschulen und Regierung beeinflußt? Die selbst in diesem engen Bereich die Wirtschaftlichkeit nur nach Gewicht und Herstellungskosten der Teile werten will?

10. Ist selbst dieser Teilindustrie, der Maschinenherstellung, nur durch Wirtschaften nach dem Taylor-Verfahren, nur durch Verbesserung der Massenfertigung zu helfen?

Oder sind die Arbeitsbedingungen derart verschlechtert, daß helfender Fortschritt im Neugestalten zu suchen ist? Weil der Maschinenherstellungsindustrie die entscheidenden Kosten vorgeschrieben sind, die der Rohstoffe durch Verbände, die der Menschen durch Vorschriften, so daß aller „Taylorismus" nur noch Geringes an Herstellungszeit sparen kann?

11. Ist daher die Maschinenindustrie der Meinung, ihr könne in unserer tief verschlechterten Zeit dadurch geholfen werden, daß sie durch richtige

Neugestaltungen wieder Vorsprung in der Welt erlangt, damit sie nicht Lohnarbeiter anderer Staaten wird?

12. Will die Industrie führen, um zu verwirklichen, was jeder erfahrene Fachmann sehen kann: daß die jetzt herrschenden Maschinenarten in wenigen Jahrzehnten verschwinden?

Will die Industrie führen, damit die kommende tiefe Umwälzung in der Gestaltung der Maschinen ihr den allein wirtschaftlich entscheidenden Vorsprung in der Welt sichert? Vorsprung durch Neugestaltung der technischen Mittel?

Z. B. durch Kraftmaschinen, die statt 200 kg Rohstoff nur 20 oder noch weniger für jede Pferdekraft erfordern? Durch neue Verkehrsmittel, die statt 1000—10000 kg Totlast auf jede beförderte Person nur einen geringen Bruchteil davon brauchen?

13. Ist die Industrie überzeugt, daß solcher und anderer wahrer Fortschritt nur durch erfahrene Gestalter und nie durch Wirtschaftsberater geschaffen wird? Daß die Erziehung des Nachwuchses danach eingerichtet werden muß? Daß sachrichtiges Gestalten nicht gedeihen kann in der Neuschule mit der *gewählten Richtung* der Wirtschaftslehre, durch Hören von Wirtschaftswissenschaften ohne Fachvertiefung, ohne Erfahrung in schöpferischem Schaffen?

14. Will daher die Industrie das Unterrichtsamt darüber aufklären, daß alle Annahmen des amtlichen Reformplanes falsch sind?

Daß die Hochschulen nie „*bis zu den höchsten Spitzen ausgebildete Konstrukteure*" erziehen wollten noch konnten, daß aber Fachbildung die Grundlage bilden muß?

Daß der Nachwuchs getäuscht wird durch das Ziel, er könne auch ohne Fachkönnen auf *Führer* studieren und auf *Wirtschaft*?

Daß leistungsfähige Menschen stets nur am Beispiel einer Fachvertiefung zu erziehen sind, daß aber der Bildungsgang frei bleiben muß von dem sich überhebenden bloßen Wissen über Technik und Wirtschaft, wie auch vom Fachvielerlei und von sachfremden Theorien?

15. Will die Industrie das Amt insbesondere dahin aufklären, daß im werteschaffenden Leben scholastische Wirtschaftsmeinungen wenig nützen, weil die wirtschaftlichen Schwierigkeiten meist in den Widersprüchen liegen zwischen den Forderungen der Ertragswirtschaft und den Bedingungen des Gestaltens und der Kosten, weil oft rein technische Einflüsse und Betriebsrücksichten bestimmend sind, die nur der vielseitig und gestaltend Erfahrene überblicken und meistern kann, weil oft scheinbare Nebendinge über Betrieb und Wirtschaft entscheiden, die nur diese Erfahrenen würdigen können, wie Zusatzwirkungen, Raum- und Betriebsfragen, Zugänglichkeit usw.?

Eine lange Reihe weiterer solcher Anfragen ließe sich an die Industrie richten, mit dem Wesen der Hochschulreform zusammenhängend, und die Industrie würde sich verdient machen, wenn sie sie beantwortete, aber klar, ohne Wenn und Aber, Auch und Indes, und ohne Deckung durch die wenigen ungewöhnlich Tüchtigen, die sich selbst die Wege bahnen, sondern stets in Hinsicht auf die vielen Durchschnittsstudierenden, für welche die Schulen da sind.

Sind diese Fragen beantwortet, dann könnte eingegangen werden einerseits auf die eigentlichen Fachfragen, andrerseits auf allgemeine Fragen, wie die folgenden:

Will die Industrie das Universitätspielen der Hochschulen fördern? Und dann auch dafür wirken, daß die Hochschulen gleiche Berufsrechte wie die Universitäten erlangen, von denen diese ausschließlich leben?

Will dann die Industrie in ihren vielen Betrieben den Berechtigungszwang einführen, Stellen schaffen, die, wie in staatlichen Betrieben, nur durch bestimmten Bildungslauf erreichbar sind und durch ein Berechtigungspapier, das nach Abfragen von Wissen in Prüfungen erteilt wird?

Die Antworten auf alle solche Anfragen technischer und allgemeiner Art würden vernichtend für den amtlichen Reformplan ausfallen, oder „die Industrie" müßte ihr Wesen als schaffende Kraft verleugnen. Sie würde übrigens durch Förderung dieses Planes, ja selbst durch ihr Stillschweigen, die Hochschuldämmerung bald herbeiführen helfen. Aufsätze wie der Lippartsche, die als »maßgebende Stimmen« aus der Industrie gelten, sind besonders geeignet, das Ende zu beschleunigen.

V. Sachkunde und Amtsberater.

Drei Minister, darunter zwei preußische, haben von mir während meines Lehrerdaseins die Beantwortung der heiklen Frage verlangt: Soll der amtliche Berater in Hochschulsachen sachkundig sein? Jedesmal sagte ich unter voller Zustimmung der Minister:

Kein Fachmann könne viele Gebiete beherrschen, er bleibe doch unzureichend kundig auf vielen anderen; in diese finde er sich wohl leichter hinein als bloße Verwalter, aber er unterliege dabei der Gefahr, das eigene Fach zu überschätzen. Für Sache und Amt entscheide wie überall doch nur der klare Kopf, der Sachen und Personen richtig sehe, der lautere, zuverlässige Charakter und der vielseitig Erfahrene, der die Zusammenhänge stets richtig durchschaue und die Folgen aller Maßnahmen richtig vorausschaue, der erfahrene ganze Mann, der nie am Oberflächlichen, nie am Kanzleibequemen hafte.

Jeder der Minister bestätigte insbesondere diese Schlußbemerkungen und bezeichnete sie als die wahre Gefahr für das Amt, die Hochschulen und den Nachwuchs. Jeder sagte, die Gefahr sei besonders groß bei angeblichen oder sich überschätzenden Sachkundigen, wenn sie auf Grund von Teilerfahrungen zu selbstbewußt und voreilig urteilten.

Zwei der Minister, darunter ein preußischer, klagten stark und seltsam übereinstimmend, also wohl auf Grund übler Erfahrungen, über den Fehlertrag des üblichen Umfragens der sachfremden Beamten. Die befragten Erfahrenen sprächen stets zurückhaltend und nur die Oberflächlichen übereifrig. Alle seien doch nur Durchschnittsmenschen und nur einige darüber hinaus etwas Besonderes, jeder nach seiner Art, und dieses Besondere werde beim Massenfragen und durch Mehrheitsbeschlüsse sicher weggeköpft, nur eine farblose und dennoch einseitige Durchschnittsmeinung bleibe zurück. Das Amt hänge dann doch nur von der Erfahrung des Beraters ab, der aber als Fachmann zu unvorsichtig, als Sachunkundiger zu zaghaft vorgehe.

Professor Aumund ist erstmals als sachverständiger Amtsberater berufen worden. Seine Sachkunde soll durch seine Absichten und Taten erwiesen werden, zunächst durch diejenigen, die nur Vorhandenes zu verschieben trachten, ohne es innerlich zu ändern, dann durch die schöpferisch gemeinten Taten, hierauf durch das Allgemeine und schließlich durch die Folgen der Taten.

Das Verschieben des Vorhandenen an den alten Hochschulabteilungen und deren Umwandlung zu neubenannten Fakultäten zeigt deutlich das Sachwidrige der Arbeit des Beraters.

Er benennt die alten Teile neu, jedoch nicht mehr nach den auszubildenden Menschen, nach den Ingenieuren, selbst nicht nach ihrer Schaffensart, nach den Zweigen des Ingenieurwesens, sondern nur noch nach den Gegenständen des Schaffens! Obwohl hier jedes Hemmnis, jede Schwierigkeit fehlte.

Die beiden ersten Hauptteile der amtlich angeregten Neuhochschule sind benannt:

1. *Bautenfakultät!* 2. *Fakultät der mechanischen Betriebe!*

Lebendiges ist also beseitigt und Lebloses an die Spitze gestellt, obwohl nur Vorhandenes ohne innere Veränderung zusammengeschoben wird.

Die *1. Fakultät der Bauten* umfaßt nach dem neuen Amtsplan: Häuser, Kirchen und Denkmäler, sowie die hier angereihten Brücken, Kanäle, Häfen und Eisenbahnen, d. s. die Gegenstände der bisherigen Abteilungen für Architektur und Bauingenieurwesen. Hingegen sind hier nicht mit aufgenommen die doch ebenso wichtigen *Bauten* der Maschinentechnik, der Schiffstechnik, der Berg- und Hüttentechnik, der chemischen Technik und der Landwirtschaft; höchstens, daß die Betriebsgebäude dieser wichtigen technischen und wirtschaftlichen Arbeitsgebiete mit in die *Bauten*fakultät gehören, also die Wände und Dächer, das Futteral für die planmäßigen *Bauten*, die innen ausgeführt werden.

Die *2. Fakultät, die der mechanischen Betriebe*, ist nach dem Amtsplane noch seltsamer zusammengeschoben aus den bisherigen Abteilungen des Maschinen- und Schiffswesens.

Als *mechanische Betriebe* konnte man das Maschinenwesen allenfalls vor einem halben Jahrhundert ansprechen und selbst damals nur äußerlich. Seit drei Jahrzehnten ist das Maschinenwesen überwiegend Ausnutzung der kinetischen Energie und der Kraftwirtschaft und wurde immer mehr Wärmewirtschaft und Planarbeit; nur ein geringer Teil konnte noch *mechanischer Betrieb* bleiben, als eines der vielen Hilfsmittel des Maschineningenieurwesens. In der gewaltigen Elektrotechnik und anderen großen Zweigen des Maschinenwesens paßt der neue amtliche Fakultätsname nur noch auf einige Wellen und Lager, die sie verwenden.

Das Schiffswesen ordnet der Planverfasser gleichfalls in den toten Rahmen der *mechanischen Betriebsfakultät* ein.

Schiffskörper sind jedoch Eisenbau höchster Art; der Schiffbau gehörte daher in die neue amtliche *Bautenfakultät*, wo diese Technik neben dem alten Bauingenieurwesen in der Tat guten Nährboden fände in den hochentwickelten Baukonstruktionen, besonders in den Konstruktionen des Brückenbaus; dort könnte wechselseitige Befruchtung erwachsen.

Der Schiffsbetrieb entscheidet jedoch; das Schiff ist nur Mittel dieses Betriebs, der schwierigstes Anwenden aller Energiewirtschaft erfordert. Vom *mechanischen Betrieb* hingegen, wohin die amtliche Reform die Schiffstechnik verschiebt, bleiben beim jetzigen Hochleistungsbetrieb wieder nur einige Wellen, Lager, Stangen und Platten.

Wieder ist das Lebendige weg- und vom entscheidenden Fortschritt mehrerer Jahrzehnte zurückgeschoben in die Vorzeiten der Schiffstechnik.

Wenn die amtlich angegebenen *mechanischen Betriebe* Sinn hätten, wo blieben denn dann die vielen wichtigen Maschinenbetriebe der Bautechnik, des Hoch- und Tiefbaus, des Wasserbaus, des Berg- und Hüttenwesens, der chemischen Technik? Bei den Sonderfächern? Oder müssen sie alle in die *mechanische* Zwangsjacke?

Schon diese Betrachtungen zeigen, daß bei der Neuordnung des Reformplans zwar alte Abteilungen unsichtbar gemacht werden, daß aber das Lebendige mit verschwindet und falsch benannter Schein in den Vordergrund rückt. Darin tritt die Äußerlichkeit der Einteilung zutage, dadurch gekennzeichnet, daß — ebenso wie bei manchen anderen „Organisationen" — eines der Hilfsmittel als Wesen der Sache betrachtet und zudem nur äußerlich erfaßt wird. Hier wird wichtige und eigenartige Ingenieur- und Lehrrichtung in einen überlebten Vorzustand zurückversetzt.

Und für dieses sachwidrige Vorgehen ist kein anderes Ziel zu erkennen als das, um jeden Preis, selbst auf Kosten der Sache, die Namen einzelner Abteilungen verschwinden zu lassen, um Platz zu schaffen für den künftigen Ersatz zweier „angegliederten" Hochschulen.

Der Amtsberater sagt immer wieder, er wolle „*vereinheitlichen*", „*entlasten*", „*vertiefen*", den „*Gesichtskreis erweitern*". Er trennt aber nur, und selbst was er gar nicht ändern will, das wird verflacht, er hält sich ans Äußerliche und an entscheidenden Stellen an längst Vergangenes.

Er zerreißt sogar untrennbare Zusammenhänge.

Er reißt das Erkennen vom Gestalten der Betriebsmittel los, zerreißt die grundsätzlichen Zusammenhänge zwischen den *mechanischen Betrieben* und der kinetischen Energieumsetzung, dem Kraft- und Wärmewesen.

Er verkennt sogar, im Drange des äußerlichen Zusammenschiebens, sein eigenes Sonderfach, die Hebemaschinen.

Dieses Fach ist als „*mechanischer Betrieb*" in unseren Tagen ebenfalls nur auf einige Wellen und Räder beschränkt, während es längst Sonderzweig des Eisenbaues geworden ist und sich, wie der Schiffbau, an Baukonstruktionen und Brückenbau befruchten könnte; außerdem ist es Sonderzweig der Energiewirtschaft geworden, überwiegend der elektrotechnischen. Und der Betrieb der Transportvorrichtungen ist innerlich und wirtschaftlich eine Aufgabe der Strömungstechnik geworden. In die „*mechanischen Betriebe*" paßt nur noch einiges Äußerliche.

Das gleiche Geistesstreben zeigt alles andere Verschieben des Vorhandenen, das der amtliche Plan anregt. Stets wird schon durch das Verschieben allein, ohne Ändern des Inhalts, das Lebendige beiseite gedrängt, oder es wird getrennt nur wegen des Namens und der Zahl der gewollten Schubfächer.

Die Neuschöpfungen des Amtsplanes zeigen das gleiche Bild. Sie sind auf zwei beschränkt:

die Außenfakultät und
die wirtschaftswissenschaftliche Fakultät.

Die neue *Außenfakultät* wird als seltsames Gebilde deutlich erkennbar, wenn man sie mit den gleichen Gründen der Universität zumutet, die ja erst recht die *Beziehungen zum praktischen Leben* herstellen sollte, welche sie schon seit langer Zeit verloren hat.

Was würde die Universität wohl sagen, wenn der Amtsdezernent zur Belebung der alten Fakultäten solche Außenkurse vorschlüge und einen Verbindungsprofessor dazu, der die Erfahrungen aller sammelt? Wenn der Universität die zu erstrebenden hohen Ziele gezeigt würden mit den Worten:

Enger Anschluß an das praktische Leben!
Männer mit Führereigenschaften bilden!
Gesamtkultur und Wirtschaft verstehen!
Erfahrungen austauschen!

Die zweite schöpferische Tat, die geplante *wirtschaftswissenschaftliche Fakultät*, geht ebenfalls aus von Mißverständnissen und Falschannahmen, von der Annahme, die Hochschulen beschäftigten sich zu sehr mit der *toten körperlichen Technik*, nur mit *greifbaren Stoffen* und im besonderen zu sehr mit der Ausbildung von *Konstrukteuren*.

Das Wahre sei das *Nichtkörperliche*, die anwendende, ausbeutende *Wirtschaft*, und der amtliche Plan meint, dabei kämen die *Beziehungen zum Menschen* zur Geltung!

Der amtliche Plan meint im besonderen, nicht Konstrukteure seien auszubilden, sondern *Führer* für *freie Wirtschaft* und für *öffentlichen Dienst*.

Das also soll die Zukunft bringen! Vorher war die Hauptaufgabe der Hochschulen, schaffensfähige Ingenieure auszubilden. Jetzt sollen amtlich Gegensätze gelten zwischen Technik und *Wirtschaft*, zwischen *Körperlichem*, *Wirtschaftlichem* und *Menschlichem!*

Das Wesen soll nicht mehr in der schaffenden, gestaltenden Tätigkeit und Fähigkeit der verantwortlichen Ingenieure liegen. Die Ingenieure, die die Bedürfnisse erkennen und neue Mittel schaffen, sie zu befriedigen, sollen nicht mehr maßgebend sein, sondern die Ausbeuter der Technik, denn die seien die Aufgabensteller und Ideenträger!

Das ist arges Verkennen des Wirklichen; der Reformer ist daher vorerst grundsätzlich aufzuklären.

Aufgabe der schaffenden und verantwortlichen Ingenieure und damit der Ingenieurerziehung ist doch, schon bei Beginn alles Überlegens und Rechnens:

> die gegebenen Bedingungen des Schaffens richtig zu erschauen, die immer gleichzeitig technischer, wirtschaftlicher und menschlicher Art sind, und im besonderen:
>
> die Baustoffe, die vorhandenen Mittel und Menschen, den Betriebs- und Wirtschaftszweck richtig zu werten, noch bevor mit dem Rechnen und Entwerfen angefangen wird.

Diese untrennbaren Zusammenhänge entscheiden dann wichtigste Einzelheiten wie das Ganze und den Arbeitslauf.

Technik und Wirtschaft und Menschen sind eben eins im Werk und in jedem verantwortlichen richtigen Schaffen.

In meinen Schriften „Wirklichkeitsblinde" und „Akademisches Pneuma" ist der entscheidende Zusammenhang von Gestalten, Betrieb und Wirtschaft näher gekennzeichnet, in deren zusammenfassendem Geist schon alle Anfänger erzogen und geübt sein müssen, selbst um nur den Einzelaufgaben genügen zu können.

Der Planverfasser will jedoch die *Wirtschaft* abtrennen, in eine besondere Fakultät verlegen, in der dann die Technik auch beredet wird. Daher glaubt er, die Studenten sollten wählen, ob sie bloß theoretische Wisser oder gestaltende Zeichner, vermeintliche Betriebsführer oder *Wirtschafter* und *Führer* werden wollen!

Das ist ein verhängnisvoller Irrtum: einerseits ein unmögliches Trennen, das aber von den Studenten gern gehört wird, weil das Schwierige beiseite geschoben wird, andrerseits ein Rückschritt um fast ein Jahrhundert. Hierzu mögen geschichtliche Tatsachen sprechen.

Einst wollten die Universitäten auf amtliche Anregung den künftigen Verwaltern des Staates auch Kenntnisse der „Manufakturen" vermitteln, also Kenntnis der damaligen *Technik und Wirtschaft*. Sie begannen „Technologie" zu lehren, die das umfaßte, was man damals über Technik, wesentlich aus einigen Büchern, wußte. Dieses Streben mußte aber bald absterben, weil solche Technologie nur einiges Äußerliche der Technik behandeln konnte.

Jetzt, inmitten hochentwickelter Technik und vertiefter technischer Wissenschaften, wird alles bloße Bereden der Technik ganz unwirksam, ebenso wie jede allgemeine „Technologie".

Es kann keinen „Technologen", keine „Technologie" mehr geben, die alle technischen Arbeitsvorgänge und Mittel kennen oder lehren könnte. Die „Technologie" alter Art ist ein unwirksam gewordener Vorweltsrest, etwa wie das schimmernde Brustblech und der Halsschild der Kürassiere ein Überbleibsel der alten Panzerzeit.

Soweit einzelne Technologen Erfolg erringen, liegt es daran, daß sie in Sonderzweigen, etwa Stoffkunde oder Fertigungstechnik, erfahrene Fachleute sind, und daran, daß sie nur auf der „Vorstufe" zu ganz Unerfahrenen sprechen, von denen jede gründliche Fachlehre ferngehalten wird.

Wenn eine *wirtschaftswissenschaftliche Fakultät*, in der nach amtlichem Plane über Wirtschaft und daneben auch über Technik, ohne Gestalten, geredet wird, überhaupt Erfolg haben könnte, dann wäre das Einfachere und Naheliegende, den Universitätswirtschaftern einige Kenntnis der Technik beizubringen, das alte Universitätsstreben mit erweitertem technologischen Inhalt wieder aufzugreifen. Das ist aber hier wie dort aussichtslos.

Äußerlich fällt auf, daß der Verfasser des Reformplans als Berater des Ministers seine Professur in Danzig weiter ausübt, was der Schwere und Verantwortung seines Amtes wohl widerspricht.

Sein Erfassen der Aufgaben im großen müßte sich in der Einleitung oder in den Schlußbemerkungen seiner Reformschrift zeigen. Die Einleitung enthält indes keinen allgemein sachlichen oder pädagogischen Gesichtspunkt, die Schrift beginnt mit Einzelheiten, und der Schluß spricht gute Wünsche aus, denen leider die Tatsachen widersprechen.

„Freiheit zur Entwicklung aus eigener Kraft!"

wird versprochen, jedoch gar keine „Entwicklung" geboten, nur Vorhandenes unverändert verschoben, ohne Freiheit, denn der Aufbau ist Willkür. Eigene Kraft fehlt ganz und gar, weil eine innere Umwandlung gar nicht gewollt wird, ohne die Geistesarbeit des innerlichen Zusammenfassens auch nicht möglich ist. Nur in der Außenabteilung ist Eigenes gewollt, dort aber sollen Wunder gewirkt werden.

„Grenzen und Fesseln beseitigen!"

wird verheißen, jedoch neues, übelstes Trennen geplant und Zurückschieben von Hochleistungsgebieten auf ihre Uranfänge und Äußerlichkeiten, auf *Bauten*, auf *mechanische Betriebe*.

Vollkommenste Lösung der technischen und wirtschaftlichen Aufgaben!"

Der Höchstgrad wird erwartet, trotz der diesem Höchstziel widersprechenden Tatsachen und Schwierigkeiten, von denen jede einzelne nur Unvollkommenes zuläßt.

„Der Adel der Arbeit und das Gemeinwohl"

soll gehoben werden! Und schon die neue amtliche Grundauffassung der Wirtschaft schließt beides aus; sie denkt nur an Massenfertigung und Geldverdienen.

Die Zahl derer, die das üble Ende der Technischen Hochschulen schon klar erschauen und ebenso die Ursachen ihres Niedergangs, wächst indes rasch, und viele sind nur noch uneinig über die Dauer der Verfallzeit.

Wenn der amtliche Reformplan durchdringt, dann wird das Ende rasch kommen. Wenn erst die Studierenden wählen können, ob sie *„Theoretiker"*, *„Konstrukteure"* oder *Betriebsführer* oder *Wirtschafter* oder *Führer* überhaupt werden sollen, dann werden sie eben in keiner dieser vermeintlichen „*Richtungen*“ das Ziel erreichen und sicher nicht die *Wirtschaft* erlernen, ebenso wenig wie die *Technik*, sie werden nur voll und ganz schaffensunfähig *sein und bleiben!*

Das Ende muß dann sein, daß die Schaffensfähigen, deren die Technik bedarf, nur noch von den Fachschulen kommen, aus tüchtigem Schulzwang, der wenigstens einseitige Teiltechniker herausbringt statt Vielwisser und Nichtskönner, Techniker, brauchbar in geteilter Arbeit, wie sie die Großwirtschaft verlangt.

Diese Fachschulen können mit dem nötigen Gelde leicht viele Fachgebiete betreiben und etwas „Theorie“, Mathematik und Mechanik hinzufügen. Tatsache ist doch, daß trotz hoher Worte die herrschenden Wirtschafter und die Übermenschen in den technischen Leitungen der Großindustrie nur Teilkräfte verlangen, Einzelarbeiter aller Art, Leute, die am besten gar nicht über den ihnen zugewiesenen Teilkreis hinausstreben. Die leitenden Ingenieure, an die Wirtschaft vermietet, denken meist ebenso wie die Nutznießer der Technik, sie wollen die Teilung und den zersplitterten Fachzustand, und deshalb stehen sie in der Schicksalszeit der Hochschulen der Entwicklung teilnahmslos gegenüber; den schweren Schaden wird einst das Land zu tragen haben.

Das Ende muß sein, daß die Teilfachschulen über den Technischen Hochschulen stehen werden, daß diese zwischen der geteilten Facharbeit und den bevorrechteten Universitäten verdorren, weil sie bis auf die Ausnahmemenschen keine Schaffensfähigen mehr bilden werden, sondern nur solche, die die Technik wie die Wirtschaft nur bereden können, von beiden nur etwas wissen.

Es mag auch dazu kommen, daß die Industrie die Hochschulen in ihre Forschungsstätten unmittelbar beeinflussen wird, oder dazu, daß sie, wie in Amerika, ihre eigenen Schulen errichtet und verlangt, jeder Akademiker müsse erst durch diese Schulen hindurch, bevor er angestellt wird. Denn die Unzufriedenheit mit den Schaffensschwachen wächst bedenklich. Die amtlich gewollte Reform würde solchen Lauf noch beschleunigen.

Das bloße Bereden der *Wirtschaft* und, wenn notwendig, daneben auch der Technik, das kann die welt- und schaffensfremde Universität auch, das kostet dort wie hier nur einige „Technologen“, die solches Reden über Betriebe und Wirtschaft „Wissenschaft“ nennen. Dort aber sind Vorrechte und Alleinrechte zu holen und wirksame Ausweispapiere, während der Wall von Vorrechten den Technischen Hochschulen fehlt, die nur durch Leistungen wirken können; die aber werden versiegen.

In der schaffenden Welt werden trotz der hohen Worte vom *weiten Blick auf das Ganze* und von wissenschaftlicher und allgemeiner Bildung einzig nur die Schaffenstüchtigen gesucht und bezahlt, die die mit Gerede verwässerten Hochschulen nicht mehr ausbilden können, bis auf wenige Begabte etwa, die selbst durch das Fachvielerlei nicht umzubringen sind, die sich immer zu Führern aufschwingen werden, auch ohne den akademischen Zwangslauf.

Zu diesem Entwicklungsbild wären leicht eine Reihe überzeugender Tatsachen und Begründungen beizubringen. Das will ich mir hier versagen und nur auf einige allgemeine Wahrzeichen des raschen Verfalls hinweisen.

Schon bloße Formen des Geschehens lassen selbst dem Außenseiter erkennen, wie es um die Technischen Hochschulen steht und wohin sie getrieben werden.

Abgesehen von dem, was geschieht und erstrebt wird, genügt es zu würdigen, daß bestimmte Dinge überhaupt möglich waren, um auf das weitere Geschehen zu schließen, z. B.:

daß ein einseitiger amtlicher Reformplan veröffentlicht wurde, ohne vorher wenigstens mit Vertrauensmännern aller Hochschulen besprochen zu werden;

daß den Hochschulen der amtliche Plan mit einer Überlegungsfrist von einigen Wochen vorgelegt, und daß die Sache kurz vor Schulschluß durchgejagt wurde;

daß solche Reform amtlich vorgelegt wurde, ohne die pädagogische Grundlage anzugeben, auf der sie aufgebaut ist;

daß in dem Plane zwei Hochschulen eingeschoben wurden, ohne Angabe, ob sie selbst das Einschieben wollen, und ohne daß eine Verständigung unter den Hochschulen veranlaßt wurde;

daß die Hochschulen dem amtlichen Plane zustimmten und nur nebensächliche Einzelheiten geändert wünschten, daß aber keine „*das Ganze*" erfaßt hat, nicht die Folgen des äußerlichen Zusammenschiebens und innerlichen Trennens, und daß alle nur an Nebendingen ändern wollen;

daß keine der Hochschulen das Grundübel, an dem sie leiden, überhaupt berührt: das Fachvielerlei, das Vielwissen und das Wenigkönnen;

daß keine der Hochschulen das Zurückdrängen des gestaltenden Schaffens als Lebensfrage ansieht;

daß keine der Hochschulen dem Trennen des Erkennens und Rechnens vom Gestalten und Wirtschaften widerspricht und der Wahlfreiheit zwischen angeblichen *Richtungen*;

usw., usw.

Form und Inhalt der amtlich geplanten Reform lassen sich auch von Fernstehenden beurteilen, wenn man sie sich auf den Universitätsbereich übertragen denkt:

Was wäre wohl das Schicksal des Dezernenten und seines Reformplanes, wenn er von den Universitäten kurz vor Schulschluß maßgebende Stellungnahme zu einer demnächst einzuführenden neuen Verfassung verlangte?

Wenn der Dezernent überhaupt einen Plan vorlegte, an dem die Universitäten nicht mitgewirkt haben? Einen Plan, der etwa die Heilkunde und ihre Fakultät unter die Naturwissenschaften verschöbe? Wenn andere Hochschulen „angegliedert" würden, ohne daß gefragt wurde, ob sie oder die Universitäten es wollen?

Jeder wird regiert, wie er es verdient.

Jedem wird aufgedrängt, was abzuwehren wegen eigenen Verfalls nicht mehr gelingt.

Jeden, der mittut, trifft die Verantwortung, nicht den Amtsberater allein, der ohne hinreichende Erfahrung, aber diensteifrig das Alte spaltet und verschiebt, ohne Lebendiges pflanzen zu können. Das trübe Ende wird dann nicht auf sich warten lassen.

Der schlimmste Feind alles Lebens und Fortschritts sind die Teilnahmslosen, die alle Weisung von oben erwarten, selbst aber untätig bleiben und jedes Flicken an Äußerlichkeiten für „Reform" halten.

Der amtliche Reformplan erreicht gewiß nichts, verwirklicht aber sicher den Dilettantismus, das Pfuschertum, das uns auf allen lebenswichtigen Gebieten in der Schicksalszeit der Deutschen in den Abgrund geführt hat mit seiner Alleinherrschaft und unbegrenzten Macht.

Der Reformplan wird unfehlbar die Streber, die Halben und die Schwätzer aufrufen und anziehen, die Bereder der *Technik und Wirtschaft*, die Schaffensschwachen, die Vielwisser und Fachpfuscher.

Wenn der amtliche Plan durchgeführt wird, dann wird auch an den Technischen Hochschulen nach denselben Grundsätzen erzogen werden wie an vielen anderen Stellen:

Von recht vielem ein bißchen wissen!
Vielwoller und Schaffensschwache bilden, richtiger:
Zehntelwisser und Nichtskönner züchten!
Zum Bereden statt zum Werteschaffen erziehen!

Die Pfuscherei erwächst im Lehrbereich von selbst, sobald an einem Zwangsrahmen festgehalten wird, der nie passen kann, wenn der überlieferte und immer zuwachsende „Lehrstoff" nicht beschränkt wird auf das Lebendige und Lebensnotwendige, wenn nur noch das Oberflächliche beachtet wird, nicht das Schwierige, hier: das gestaltende Werteschaffen.

Statt den Rahmen zu ändern, indem der Nährboden verbessert und auf ihm nur das gepflanzt wird, was fruchtbringend wachsen kann, statt nur vertieft zusammengefaßte Lehre zu pflegen, wurde die Lehrmasse nach und nach bis zur Unmöglichkeit erweitert, und seit zwei Jahrzehnten wurde an Prüf- und Lehrplänen geflickt. Jetzt soll oberflächliches Wissen über Wirtschaft und etwas Technik hinzukommen. Die Flicker aber erklären ihren Bankrott, indem sie den unerfahrenen Studenten wählen lassen unter Fächern, die nur zusammen gedeihen und bilden können.

Was der amtliche Plan verspricht, ist Gift für junge Köpfe, das nach ihrer langen wirklichkeitsfremden Vorbildung sicher und rasch wirkt. Sie wollen nicht mehr gründlich arbeiten, wollen Fachbildung als Nebensache, als überlebt ansehen, wollen *Führer* werden, *Handelsherren*, wollen auf *Führerschaft* studieren, statt auf Mitarbeiterschaft im werteschaffenden Leben, sie wollen Geldverdienen als einziges Ziel sehen, um so mehr, als ihnen der Amtsplan eine verlockende Zukunft zeigt: *Handelsherren* sollen sie werden, nicht mühebeladene verantwortliche Konstrukteure. Die amtliche Neuschule stellt sich dar als

eine Manager-Schule ohne plagevolle Facherfahrung,
eine Neuhochschule, die von allem ein bißchen bietet,
eine bequeme technische Allgemeinbildung verspricht, die zum *Führen* befähigen soll.

Die Unerfahrenen erkennen das Gift nicht, das in solchen Zielen und Worten liegt, die im wesentlichen bedeuten:

Fachvernachlässigen führe zum *Überblick über das Ganze!*
Fachvertiefung hindere das *Führen!*
An vielem nippen führe zum Ziel!
Nicht Schaffen, sondern Bereden sei die Hauptsache!

Solches Meinen wird das Ende rasch beschleunigen, die Hochschule wird abbauen müssen oder absterben, der Dipl.-Ing. wird jeden Wert verlieren, die Teiltechniker werden die Nachfolger sein, die Industrie und der Fortschritt die Leidtragenden.

VI. Verfassung der allgemeinen Universität.

Den Wortlaut der Verfassung, den der amtliche Reformplan für die neue Hochschule in 58 Paragraphen aufstellt, einzeln zu besprechen, ist nach den vorangegangenen Erörterungen entbehrlich.

Statt dessen sei hier angegeben, wie die Satzungen einer wirklichen allgemeinen Universität lauten müssen, wenn sie alle Hochschulen umfassen und dem Leben dienen soll, wenn das blühende Gerede von höchsten Zielen durch die Tat ersetzt und wenn selbst nur die folgenden gangbarsten volltönigen Forderungen durch Taten verwirklicht werden sollen:

Freie Bahn allen Tüchtigen!
Vollmenschen für Hochleistung bilden!
Alle Vorrechte beseitigen!
Einheitsbildung schaffen!
Alle Hochschulen vereinen!
Jede Bildungsmöglichkeit gewähren!
Allgemeine Menschenbildung!
Jede Eigenart und Begabung fördern!
Prüfungsunfug beseitigen!
Erfahrung und Leben würdigen!
Für schaffendes Leben bilden usw.

Nichts davon ist Utopie, nichts unerreichbar, alle Forderungen sind stark und berechtigt, alle und noch weitere sind voll erfüllbar, aber der Mut der Tat muß wirken und die Vorurteile, jahrhundertlang gezüchtet, müssen restlos abgestreift werden.

Nachfolgend ist der Satzungsrahmen angegeben, der eine wahre Universitas umspannen könnte, alle Hochschulen, alle Arbeitsgebiete, alle Sonderfächer, ohne folgenschweres Trennen, in wirklicher Vereinigung. Nur wäre kein Plätzchen mehr frei für Zöpfe und Vorurteile und auch nicht für Vorrechte.

Die Voraussetzungen, ohne die solche erlösende Tat nicht gelingen kann, ohne deren volle Erfüllung alles zum üblichen leblosen Schatten herabsinkt, sind im Entwurf, wo notwendig, durch Zusätze erläutert, die nicht streng in die Satzungen gehören.

Alles weicht vom Gewohnten ab, weil wir in längst leblos gewordenen Überlieferungen erzogen werden, weicht so sehr von ihm ab, daß sich generationenlang erst alle Zöpfe und Perücken aufwärts sträuben werden, bevor auch nur der geringste Teil ernst genommen wird. So sehr sind die Deutschen in Bewunderung des „historisch Gewordenen" erzogen. Kopfschüttelnd werden gerade diejenigen das Neue belächeln, die über die genannten und andere hohe Ziele am häufigsten in hohen Tönen reden, aber nicht taten wollen, damit sie erreicht werden.

Satzungen der allgemeinen Universität.

I. Allgemeine Bestimmungen.

Die allgemeine Universität, als Vereinigung aller Hochschulen, dient der Allgemeinbildung, der Lehre und Förderung der Wissenschaften und Künste,

der Erziehung wissenschaftlich gebildeter und führender Kräfte im Staat, in Gemeinden und Verbänden, sowie im Wirtschaftsleben.

Sie hát die Mittel und Wege zu erforschen und auszubauen, die zur Lösung dieser Aufgabe führen.

Alle vorhandenen Forschungsstätten sind Teile der allgemeinen Universität.

Diese Universität ist eine untrennbare Einheit und nur der Verwaltung wegen in Fakultäten und deren Untergruppen gegliedert, die zusammen eine Geistes- und Arbeitsgemeinschaft bilden.

Die Fakultäten und der Senat haben die inneren geistigen und fachlichen Zusammenhänge zwischen der Universitätslehre und aller Forschung herzustellen und zu fördern. Sie haben insbesondere das Zusammenfassen aller Sonderwissenschaften für allgemeine Bildungszwecke zu fördern.

Die Untergruppen innerhalb der Fakultäten haben die Wissenschaften und Künste in besonderer Richtung zu pflegen und zu vertiefen und sie geistig so zusammenzufassen und zu lehren, daß sie alles Wesentliche für die Allgemeinbildung, sowie für die Bedürfnisse anderer Fakultäten bieten.

Mit allen Vorträgen sind seminaristische Schaffensübungen verbunden.

Jede Fakultät hat das Recht:

1. Studierende auf Grund ihrer Leistungen nach Vorschlag der Lehrer zu Assessoren zu ernennen. Ein würdigerer deutscher Name wird eingeführt, sobald Vorrechte und Zöpfe bei Juristen, Bergleuten und Lehrern beseitigt sind.
2. Assessoren auf Grund einer besonderen Prüfung zu Doktoren zu ernennen.
3. Den Doktorgrad ehrenhalber unter Zustimmung des Senats als seltene Auszeichnung für wissenschaftliche Verdienste zu verleihen.

Diese Rechte haben auch diejenigen Untergruppen, die in zusammenhängenden Lehrgebieten zu schöpferischer Tätigkeit ausbilden und die Leistungen der Studierenden wesentlich nach den Ergebnissen der Schaffensübungen beurteilen. Sonderfächer können keine Untergruppen bilden.

II. Die Besucher der Universität.

Die Besucher der Universität sind:

1. Studierende, die nur auf Grund bestimmter Leistungen und Aufnahmeprüfungen aufgenommen werden.
2. Gäste, die vom Rektor nur für bestimmte Lehrgebiete unter Zustimmung der Lehrer zugelassen werden, wenn gegen ihre Allgemeinbildung keine Bedenken vorliegen.

Studierende werden in die Universität nur aufgenommen auf Grund folgender Leistungen:

1. Erfolgreicher Besuch der Volks- und Einheitsmittelschule.
2. Erfolgreiche Betätigung des Lehrlingsjahrs nach dem 14. und des Arbeiterjahrs nach dem 17. Lebensjahre, beider außerhalb des Heimatsbereiches und ununterbrochen, ohne Ferien und ohne

jede Ausnahmestellung gegenüber Berufs-Lehrlingen und Arbeitern, auch außerhalb der Arbeitszeit.

3. Erfolgreicher Besuch der 2jährigen Vorschule der Universität statt der bisherigen Primaklassen.
4. Bestehen der Aufnahmeprüfung an der Vorschule und Universität, die an die Stelle der „Reifeprüfung" tritt.

Mittel- und Vorschule vermitteln Allgemeinbildung, die Grundzüge der Physik, Chemie, Erd- und Völkerkunde, Elementarmathematik, Geometrie und die Beherrschung und Anwendung des Funktionsbegriffes.

Die Vorschule vermittelt außerdem die Vorkenntnisse, die für die verschiedenen Richtungen der Fakultäten und für die erfolgreiche Teilnahme an den Übungen erforderlich sind.

Die Vorschule ist nur der Universität unterstellt, ihre Lehrer werden nach den Vorschlägen der Fakultäten berufen. Kein Universitätslehrer kann Lehrer der Vorschule sein.

In die Vorschule wird nur aufgenommen, wer durch eine Vorprüfung ausreichend nachweist:

1. Seine Gesittung.
2. Seinen gesunden Menschenverstand.
3. Das Beherrschen der deutschen und einer fremden Sprache, sowie Kenntnis einiger selbstgewählten Dichter in diesen Sprachen.
4. Sein Anschauungs- und Vorstellungsvermögen und sein zeichnerisches Ausdrucksvermögen.
5. Verständnis der Fehler bei Anwendung allgemeiner wissenschaftlicher Einsicht.

In der Aufnahmeprüfung der Universität ist nachzuweisen:

Kenntnis und Übung in den wissenschaftlichen Grundlagen und Verfahren, die in bestimmten Fakultäten und deren Gruppen erforderlich sind. Die Gruppen der Fakultäten bestimmen Art und Inhalt dieser Prüfung, von deren Ergebnis die Zulassung zu den Schaffensübungen abhängt:

Die Vorprüfung wie die Aufnahmeprüfung müssen sorgfältige Auslese der Begabungen und der Vorgebildeten bieten.

Der Lebenslauf und die Ergebnisse der Vorbildung der Bewerber werden von den Prüfern erst nach dem Werten der Aufnahmeprüfung eingesehen und berücksichtigt.

Den Prüfungsausschüssen für beide Prüfungen können nur Universitätslehrer und Fachleute angehören, die das Leben, die Welt und das Schaffen aus eigener Erfahrung kennen, die zu richtiger Jugendauslese fähig sind, die nicht Schulwissen, sondern Menschen, Lebens- und Schaffensfähigkeiten werten können.

Die Prüfungen bestehen in freier Aussprache und in Übungen vor dem Prüfungsausschuß, der Dauer und Einzelheiten der Prüfung bestimmt.

Den Studierenden steht trotz Eintragung in eine bestimmte Fakultät die Wahl der Vorträge frei.

Studierende haben für jedes Halbjahr ein festes Lehrgeld zu zahlen, ohne weitere Gebühren für Vorträge, für die Einzelprüfungen zu Ende jedes Halbjahrs und für die Assessorprüfung am Schlusse des Studiums.

Das Lehrgeld wird vom Staat vereinnahmt. Kein Lehrer darf an der Zahl seiner Zuhörer oder Prüflinge beteiligt sein.

Die Gebühren für die Übungen sind getrennt zu zahlen und fließen ganz den Leitern der Übungen zu, die die mitwirkenden Hilfskräfte angemessen zu beteiligen haben.

Die Universitätsprüfungen berechtigen zu keiner geschützten Berufsbezeichnung, wie Anwalt, Arzt, Architekt, Ingenieur, Chemiker usw. Der noch vorhandene Berufsschutz wird aufgehoben.

III. Die Lehrer und Forschungsstätten.

Als Lehrer können berufen oder zugelassen werden:

1. ordentliche Professoren, vom Staatsministerium ernannt;
2. außerordentliche Professoren, die als Privatdozenten von den Fakultäten oder deren Gruppen zugelassen und vom Minister nach Vorschlag der Fakultät als deren Mitglied berufen werden;
3. Ehrenprofessoren aus dem schaffenden Leben, auf Vorschlag der Fakultät vom Minister für bestimmte Lehraufträge berufen;
4. Hilfslehrer, nach Vorschlag der Professoren vom Rektor ernannt.

Kein Universitätslehrer kann eine Lehrtätigkeit außerhalb der Universität übernehmen oder Mitglied einer Prüfungskommission außerhalb der Universität oder Mitglied oder Teilhaber einer Erwerbsunternehmung sein.

Für außerordentliche Professoren (Privatdozenten) gelten die Vorschriften der Habilitationsordnung. Voraussetzung der Zulassung, auch in allen theoretischen Fächern, ist eine mindestens 3jährige erfolgreiche verantwortliche Schaffenstätigkeit.

Jeder Universitätslehrer ist verpflichtet, am Ende jedes Halbjahrs dem Studierenden den Lernerfolg auf Grund der Übungsergebnisse oder der Einzelprüfungen zu bescheinigen und bei den Vor- und Aufnahmeprüfungen im Juli und Oktober mindestens eine Stunde für jeden Bewerber zur Verfügung zu stehen.

Jedem Professor, in dessen Lehrgebiet der Fortschritt von Laboratoriumsforschung abhängt, wird eine Forschungsstelle mit ausreichenden Mitteln und Hilfskräften überwiesen, die er verliert, wenn er eigenen Erfolg innerhalb 5 Jahren nicht öffentlich nachweist.

Die Forschungsstellen, ihre Mittel und Hilfskräfte einschließlich der Arbeiter sind nur dem leitenden Professor unterstellt.

Jeder o. und ao. Professor, auch der theoretischen Lehrgebiete, muß nach 10jähriger Lehrtätigkeit mindestens 2 Jahre lang eine verantwortliche Schaffenstätigkeit übernehmen und über sie öffentlich berichten. Sein Einkommen geht während dieser Zeit auf seinen Stellvertreter über.

Jeder Lehrer muß das Wesentliche seiner Lehre für Nachbargebiete und für Allgemeinbildung verwendbar bearbeiten und veröffentlichen.

Jedem Lehrer steht die Lehrart in Vorträgen und Übungen frei. Jeder Leiter von Übungen muß sie zu einer Meisterschule erheben. Gelingt ihm dies innerhalb 5 Jahren nicht, dann scheidet er aus den Prüfungsausschüssen aus und verliert sein Forschungslaboratorium.

Kein Lehrer darf für die Übungen mehr Studierende annehmen, als er mit zwei Hilfskräften persönlich bilden kann. Jeder Übungsleiter kann von den teilnehmenden Studierenden bestimmte Vorkenntnisse und hinreichende Übung als Vorbedingung der Zulassung verlangen.

IV. Die Verwaltung.

Die Einzelheiten der Verwaltung und die Geschäftsordnungen müssen alle 5 Jahre von den Fakultäten nachgeprüft und vom Minister neu genehmigt werden.

Jede Fakultätsgruppe beschließt in allen Prüfungssachen, einschließlich der Habilitierungen, selbständig. Jede Fakultät berichtet in allen Studien-

und Prüfsachen durch den Rektor unmittelbar an den Minister, sonst an den Senat.

Dem Senat liegt ob:

1. die Leitung der wissenschaftlichen Arbeiten, die nicht in den einzelnen Fakultäten erledigt werden können;
2. die Leitung aller Stiftungsstellen und Staatsanstalten für Forschung, einschließlich der Kaiser-Wilhelms-Institute, soweit diese nicht in einen bestimmten Fakultätsbereich gehören und dem Leiter als Fakultätsmitglied unterstehen;
3. die Leitung von Kursen für Nichtangehörige der Universität. Alle Einnahmen aus solchen Kursen fließen den Vortragenden zu, die ihre mitwirkenden Hilfskräfte angemessen beteiligen. Alle solchen Kurse müssen außerhalb der Universität stattfinden. Bescheinigungen werden den Teilnehmern nicht erteilt.

V. Zusammensetzung der Universität.

Die Wissenschaftsgebiete der Universität hängen innerlich zusammen, und alle wichtigen Gebiete sind Bestandteile aller Fakultäten. Die Gliederung ist nur der Übersicht und Verwaltung halber und nur äußerlich durchgeführt.

Die Universität umfaßt auch alle wesentlichen Anwendungen der Wissenschaften und die Künste, die wissenschaftlich aufgebaut sind.

Lehrgebiete, die als -Technik angeführt sind, können im Ursinne des Wortes ebenso als -Kunst angesehen und behandelt werden.

Die technischen Lehrgebiete sind als Lehre für schöpferisches Schaffen zu behandeln.

Die äußere Gliederung ist folgende:

1. Fakultät für Erkenntnis und Technik des Lebens.
   - Naturerkenntnis, Physik, Chemie, Erd- und Himmelskunde.
   - Lebenslehre, Entwicklungs- und Anpassungslehre, Menschen, Tiere, Pflanzen.
   - Menschenlehre, Völkerkunde, Gesundheitswesen, Heiltechnik.
   - Lebenswirtschaft, Siedlungswesen, Gemeinwesen, Rechtstechnik.
   - Urtechnik, Boden- und Tierwirtschaft, Bergbau.
   - Geschichte der Natur- und Menschenkunde.
2. Fakultät für Technik der Vernunft.
   (S. über diese alte Bezeichnung: Kant und Schopenhauer.)
   - Technik des Denkens, Denklehre, Beweislehre, Mathematik, Redetechnik, Seelenlehre, Erkenntnislehre.
   - Sprachtechnik, Sprachwissenschaften.
   - Weltweisheit, Philosophie, Religionslehre, Sittenlehre.
   - Geschichte der Mathematik, der Philosophie, der Religionen und Sitten.
3. Fakultät der Wirtschaft.
   - Sozialwissenschaften, Gemeinwesen, Ordnungstechnik, Rechtswesen, Politik, Staatstechnik, Verwaltung, Wehrwesen.
   - Wirtschaftswissenschaften, Erzeugung, Umwandlung und Verteilung der Güter, Energiewirtschaft, Arbeiterwirtschaft, Maschinenwirtschaft, Erwerbswirtschaft, Großwirtschaft, Volks- und Weltwirtschaft.

Belehrungstechnik, Erziehungstechnik, Nachrichtentechnik.
Geschichte des Schaffens, der Technik, der Wirtschaft, der Gesellschaft, der Staaten und Völker.

4. Fakultät der Kultur.

Schöne Künste, Dichtkunst, Sprachkunst, Musik, bildende Kunst, Schönheitslehre.
Kulturwissenschaften, Kulturgeschichte, Kunstgeschichte.
Geschichtswissenschaften, Altertumswissenschaften, allgemeine Geschichte, Geschichte der Kriege, der Umwelt, der Geistesströmungen.

www.ingramcontent.com/pod-product-compliance
Lightning Source LLC
LaVergne TN
LVHW091732021026
849161LV00003BB/585